卞尺丹几乙し丹卞と
Translated Language Learning

The Communist Manifesto

Komunistički Manifest

Karl Marx & Friedrich Engels

English / Hrvatski

ISBN: 978-1-83566-553-4

Original text by Karl Marx and Friedrich Engels

The Communist Manifesto

First published in 1848

www.tranzlaty.com

Introduction
Uvod

A spectre is haunting Europe — the spectre of Communism
Bauk proganja Europu – bauk komunizma

All the Powers of old Europe have entered into a holy alliance to exorcise this spectre
Sve sile stare Europe ušle su u sveti savez kako bi istjerale ovaj bauk

Pope and Czar, Metternich and Guizot, French Radicals and German police-spies
Papa i car, Metternich i Guizot, francuski radikali i njemački policijski špijuni

Where is the party in opposition that has not been decried as Communistic by its opponents in power?
Gdje je stranka u opoziciji koju njezini protivnici na vlasti nisu osudili kao komunističku?

Where is the Opposition that has not hurled back the branding reproach of Communism, against the more advanced opposition parties?
Gdje je oporba koja nije odbacila žigosanje komunizma protiv naprednijih oporbenih stranaka?

And where is the party that has not made the accusation against its reactionary adversaries?
A gdje je stranka koja nije iznijela optužbe protiv svojih reakcionarnih protivnika?

Two things result from this fact
Iz ove činjenice proizlaze dvije stvari

I. Communism is already acknowledged by all European Powers to be itself a Power
I. Komunizam je već priznat od strane svih europskih sila kao sila

II. It is high time that Communists should openly, in the face of the whole world, publish their views, aims and tendencies

II. Krajnje je vrijeme da komunisti otvoreno, pred očima cijelog svijeta, objave svoje stavove, ciljeve i tendencije

they must meet this nursery tale of the Spectre of Communism with a Manifesto of the party itself

moraju se suočiti s ovom dječjom pričom o Duhu komunizma s Manifestom same partije

To this end, Communists of various nationalities have assembled in London and sketched the following Manifesto

U tu svrhu, komunisti različitih nacionalnosti okupili su se u Londonu i skicirali sljedeći Manifest

this manifesto is to be published in the English, French, German, Italian, Flemish and Danish languages

ovaj manifest objavljuje se na engleskom, francuskom, njemačkom, talijanskom, flamanskom i danskom jeziku

And now it is to be published in all the languages that Tranzlaty offers

A sada će biti objavljen na svim jezicima koje Tranzlaty nudi

Bourgeois and the Proletarians
Buržoazija i proleteri

The history of all hitherto existing societies is the history of class struggles

Povijest svih dosadašnjih društava je povijest klasnih borbi

Freeman and slave, patrician and plebeian, lord and serf, guild-master and journeyman

Slobodnjak i rob, patricij i plebejac, gospodar i kmet, cehovski gospodar i šegrt

in a word, oppressor and oppressed

jednom riječju, tlačitelj i potlačeni

these social classes stood in constant opposition to one another

Te su društvene klase stajale u stalnoj opoziciji jedna drugoj

they carried on an uninterrupted fight. Now hidden, now open

Vodili su neprekinutu borbu. Sada skriveno, sada otvoreno

a fight that either ended in a revolutionary re-constitution of society at large

borba koja je završila revolucionarnom rekonstitucijom društva u cjelini

or a fight that ended in the common ruin of the contending classes

ili borba koja je završila zajedničkom propasti sukobljenih klasa

let us look back to the earlier epochs of history

Osvrnimo se na ranije epohe povijesti

we find almost everywhere a complicated arrangement of society into various orders

gotovo svugdje nalazimo komplicirano uređenje društva u različite poretke

there has always been a manifold gradation of social rank

uvijek je postojala višestruka gradacija društvenog ranga

In ancient Rome we have patricians, knights, plebeians, slaves

U starom Rimu imamo patricije, vitezove, plebejce, robove

in the Middle Ages: feudal lords, vassals, guild-masters, journeymen, apprentices, serfs

u srednjem vijeku: feudalni gospodari, vazali, cehovski majstori, šegrti, kmetovi

in almost all of these classes, again, subordinate gradations

U gotovo svim tim razredima, opet, podređene gradacije

The modern Bourgeoisie society has sprouted from the ruins of feudal society

Moderno buržoasko društvo niknulo je iz ruševina feudalnog društva

but this new social order has not done away with class antagonisms

Ali ovaj novi društveni poredak nije uklonio klasne antagonizme

It has but established new classes and new conditions of oppression

On je samo uspostavio nove klase i nove uvjete ugnjetavanja

it has established new forms of struggle in place of the old ones

uspostavila je nove oblike borbe umjesto starih

however, the epoch we find ourselves in possesses one distinctive feature

Međutim, epoha u kojoj se nalazimo ima jednu posebnost

the epoch of the Bourgeoisie has simplified the class antagonisms

epoha buržoazije pojednostavila je klasne antagonizme

Society as a whole is more and more splitting up into two great hostile camps

Društvo u cjelini sve se više dijeli u dva velika neprijateljska tabora

two great social classes directly facing each other: Bourgeoisie and Proletariat

dvije velike društvene klase izravno okrenute jedna prema drugoj: buržoazija i proletarijat

From the serfs of the Middle Ages sprang the chartered burghers of the earliest towns

Od kmetova srednjeg vijeka potekli su ovlašteni građani najranijih gradova

From these burgesses the first elements of the Bourgeoisie were developed

Od ovih građana razvijeni su prvi elementi buržoazije

The discovery of America and the rounding of the Cape

Otkriće Amerike i zaokruživanje rta

these events opened up fresh ground for the rising Bourgeoisie

ovi događaji otvorili su svježe tlo za buržoaziju u usponu

The East-Indian and Chinese markets, the colonisation of America, trade with the colonies

Istočnoindijsko i kinesko tržište, kolonizacija Amerike, trgovina s kolonijama

the increase in the means of exchange and in commodities generally

povećanje sredstava razmjene i roba općenito

these events gave to commerce, navigation, and industry an impulse never before known

Ovi događaji dali su trgovini, plovidbi i industriji impuls koji nikada prije nije bio poznat

it gave rapid development to the revolutionary element in the tottering feudal society

To je omogućilo brzi razvoj revolucionarnog elementa u posrnulom feudalnom društvu

closed guilds had monopolised the feudal system of industrial production

zatvoreni cehovi monopolizirali su feudalni sustav industrijske proizvodnje

but this no longer sufficed for the growing wants of the new markets

Ali to više nije bilo dovoljno za rastuće potrebe novih tržišta

The manufacturing system took the place of the feudal system of industry

Proizvodni sustav zauzeo je mjesto feudalnog sustava
industrije

The guild-masters were pushed on one side by the manufacturing middle class

Cehovske majstore gurnula je na jednu stranu proizvodna
srednja klasa

division of labour between the different corporate guilds vanished

Nestala je podjela rada između različitih korporativnih cehova

the division of labour penetrated each single workshop

podjela rada prodrla je u svaku pojedinu radionicu

Meantime, the markets kept ever growing, and the demand ever rising

U međuvremenu, tržišta su stalno rasla, a potražnja je rasla

Even factories no longer sufficed to meet the demands

Čak ni tvornice više nisu bile dovoljne da zadovolje zahtjeve

Thereupon, steam and machinery revolutionised industrial production

Nakon toga, para i strojevi revolucionirali su industrijsku
proizvodnju

The place of manufacture was taken by the giant, Modern Industry

Mjesto proizvodnje zauzeo je div, Moderna industrija

the place of the industrial middle class was taken by industrial millionaires

mjesto industrijske srednje klase zauzeli su industrijski
milijunaši

the place of leaders of whole industrial armies were taken by the modern Bourgeoisie

mjesto vođa cijelih industrijskih vojski zauzela je moderna
buržoazija

the discovery of America paved the way for modern industry to establish the world market

otkriće Amerike otvorilo je put modernoj industriji da
uspostavi svjetsko tržište

This market gave an immense development to commerce, navigation, and communication by land

Ovo tržište dalo je ogroman razvoj trgovini, plovidbi i komunikaciji kopnom

This development has, in its time, reacted on the extension of industry

Taj je razvoj u svoje vrijeme reagirao na širenje industrije

it reacted in proportion to how industry extended, and how commerce, navigation and railways extended

reagirao je proporcionalno tome kako se industrija širila i kako su se širile trgovine, plovidbe i željeznica

in the same proportion that the Bourgeoisie developed, they increased their capital

u istom omjeru u kojem se razvijala buržoazija, povećali su svoj kapital

and the Bourgeoisie pushed into the background every class handed down from the Middle Ages

a buržoazija je gurnula u drugi plan svaku klasu koja se prenosila iz srednjeg vijeka

therefore the modern Bourgeoisie is itself the product of a long course of development

stoga je moderna buržoazija sama po sebi proizvod dugog tijeka razvoja

we see it is a series of revolutions in the modes of production and of exchange

Vidimo da je to niz revolucija u načinima proizvodnje i razmjene

Each developmental Bourgeoisie step was accompanied by a corresponding political advance

Svaki razvojni korak buržoazije bio je popraćen odgovarajućim političkim napretkom

An oppressed class under the sway of the feudal nobility

Potlačena klasa pod vlašću feudalnog plemstva

an armed and self-governing association in the mediaeval commune

Oružana i samoupravna udruga u srednjovjekovnoj komuni

here, an independent urban republic (as in Italy and Germany)

ovdje, neovisna urbana republika (kao u Italiji i Njemačkoj)

there, a taxable "third estate" of the monarchy (as in France)

tamo, oporezivi "treći stalež" monarhije (kao u Francuskoj)

afterwards, in the period of manufacture proper

nakon toga, u razdoblju proizvodnje

the Bourgeoisie served either the semi-feudal or the absolute monarchy

buržoazija je služila ili polufeudalnoj ili apsolutnoj monarhiji

or the Bourgeoisie acted as a counterpoise against the nobility

ili je buržoazija djelovala kao protuteža plemstvu

and, in fact, the Bourgeoisie was a corner-stone of the great monarchies in general

i, zapravo, buržoazija je bila kamen temeljac velikih monarhija općenito

but Modern Industry and the world-market established itself since then

ali moderna industrija i svjetsko tržište etablirali su se od tada

and the Bourgeoisie has conquered for itself exclusive political sway

i buržoazija je osvojila za sebe isključivu političku vlast

it achieved this political sway through the modern representative State

postigao je taj politički utjecaj kroz modernu predstavničku državu

The executives of the modern State are but a management committee

Izvršni direktori moderne države samo su upravni odbor

and they manage the common affairs of the whole of the Bourgeoisie

i oni upravljaju zajedničkim poslovima cijele buržoazije

The Bourgeoisie, historically, has played a most revolutionary part

Buržoazija je, povijesno gledano, odigrala najrevolucionarniju ulogu

wherever it got the upper hand, it put an end to all feudal, patriarchal, and idyllic relations

gdje god je prevladala, okončala je sve feudalne, patrijarhalne i idilične odnose

It has pitilessly torn asunder the motley feudal ties that bound man to his "natural superiors"

Nemilosrdno je rastrgao šarolike feudalne veze koje su povezivale čovjeka s njegovim "prirodnim nadređenima"

and it has left remaining no nexus between man and man, other than naked self-interest

i nije ostavio nikakvu vezu između čovjeka i čovjeka, osim golog osobnog interesa

man's relations with one another have become nothing more than callous "cash payment"

Međusobni odnosi ljudi postali su ništa više od bešćutnog "gotovinskog plaćanja"

It has drowned the most heavenly ecstasies of religious fervour

Utopio je najnebeskije ekstaze religioznog žara

it has drowned chivalrous enthusiasm and philistine sentimentalism

Utopio je viteški entuzijazam i filistarski sentimentalizam

it has drowned these things in the icy water of egotistical calculation

utopio je te stvari u ledenoj vodi egoistične kalkulacije

It has resolved personal worth into exchangeable value

Osobnu vrijednost pretvorio je u zamjenjivu vrijednost

it has replaced the numberless and indefeasible chartered freedoms

zamijenio je bezbrojne i neotuđive unajmljene slobode

and it has set up a single, unconscionable freedom; Free Trade

i uspostavio je jedinstvenu, nesavjesnu slobodu; Slobodna trgovina

In one word, it has done this for exploitation

Jednom riječju, to je učinio zbog eksploatacije

exploitation veiled by religious and political illusions

eksploatacija prikrivena vjerskim i političkim iluzijama

exploitation veiled by naked, shameless, direct, brutal exploitation

eksploatacija prikrivena golim, besramnim, izravnim, brutalnim iskorištavanjem

the Bourgeoisie has stripped the halo off every previously honoured and revered occupation

buržoazija je skinula aureolu sa svakog prethodno časnog i poštovanog zanimanja

the physician, the lawyer, the priest, the poet, and the man of science

liječnik, odvjetnik, svećenik, pjesnik i čovjek znanosti

it has converted these distinguished workers into its paid wage labourers

pretvorio je ove ugledne radnike u svoje plaćene najamne radnike

The Bourgeoisie has torn the sentimental veil away from the family

Buržoazija je strgnula sentimentalni veo s obitelji

and it has reduced the family relation to a mere money relation

i svela je obiteljski odnos na puki novčani odnos

the brutal display of vigour in the Middle Ages which Reactionists so much admire

brutalni prikaz snage u srednjem vijeku kojem se reakcionisti toliko dive

even this found its fitting complement in the most slothful indolence

Čak je i to našlo svoj prikladan dodatak u najlijenijoj indolenciji

The Bourgeoisie has disclosed how all this came to pass

Buržoazija je otkrila kako se sve to dogodilo

The Bourgeoisie have been the first to show what man's activity can bring about

Buržoazija je bila prva koja je pokazala što čovjekova aktivnost može donijeti

It has accomplished wonders far surpassing Egyptian pyramids, Roman aqueducts, and Gothic cathedrals

Ostvario je čuda koja daleko nadmašuju egipatske piramide, rimske akvadukte i gotičke katedrale

and it has conducted expeditions that put in the shade all former Exoduses of nations and crusades

i provodio je ekspedicije koje su zasjenile sve nekadašnje egzoduse naroda i križarske ratove

The Bourgeoisie cannot exist without constantly revolutionising the instruments of production

Buržoazija ne može postojati bez stalne revolucije u proizvodnim instrumentima

and thereby it cannot exist without its relations to production

i stoga ne može postojati bez svojih odnosa prema proizvodnji

and therefore it cannot exist without its relations to society

i stoga ne može postojati bez svojih odnosa s društvom

all earlier industrial classes had one condition in common

Sve ranije industrijske klase imale su jedan zajednički uvjet

they relied on the conservation of the old modes of production

oslanjali su se na očuvanje starih načina proizvodnje

but the Bourgeoisie brought with it a completely new dynamic

ali buržoazija je sa sobom donijela potpuno novu dinamiku

Constant revolutionizing of production and uninterrupted disturbance of all social conditions

Stalna revolucija u proizvodnji i neprekidno narušavanje svih društvenih uvjeta

this everlasting uncertainty and agitation distinguishes the Bourgeoisie epoch from all earlier ones

ova vječna neizvjesnost i uznemirenost razlikuje buržoasku epohu od svih ranijih

previous relations with production came with ancient and venerable prejudices and opinions

prijašnji odnosi s proizvodnjom dolazili su sa starim i časnim predrasudama i mišljenjima

but all of these fixed, fast-frozen relations are swept away

Ali svi ti fiksni, brzo zamrznuti odnosi su pometeni

all new-formed relations become antiquated before they can ossify

Svi novoformirani odnosi postaju zastarjeli prije nego što mogu okoštati

All that is solid melts into air, and all that is holy is profaned

Sve što je čvrsto topi se u zraku, i sve što je sveto je oskvrnuto

man is at last compelled to face with sober senses, his real conditions of life

čovjek je konačno prisiljen suočiti se s trezvenim osjetilima sa svojim stvarnim životnim uvjetima

and he is compelled to face his relations with his kind

i prisiljen je suočiti se sa svojim odnosima sa svojom vrstom

The Bourgeoisie constantly needs to expand its markets for its products

Buržoazija stalno treba širiti svoja tržišta za svoje proizvode

and, because of this, the Bourgeoisie is chased over the whole surface of the globe

i, zbog toga, buržoazija je progonjena po cijeloj površini zemaljske kugle

The Bourgeoisie must nestle everywhere, settle everywhere, establish connections everywhere

Buržoazija se mora svugdje ugnijezditi, svugdje se naseliti, svugdje uspostaviti veze

The Bourgeoisie must create markets in every corner of the world to exploit

Buržoazija mora stvoriti tržišta u svakom kutku svijeta kako bi eksploatirala

the production and consumption in every country has been given a cosmopolitan character

proizvodnja i potrošnja u svakoj zemlji dobila je kozmopolitski karakter

the chagrin of Reactionists is palpable, but it has carried on regardless

ogorčenost reakcionista je opipljiva, ali se nastavila bez obzira na to

The Bourgeoisie have drawn from under the feet of industry the national ground on which it stood

Buržoazija je ispod nogu industrije izvukla nacionalno tlo na kojem je stajala

all old-established national industries have been destroyed, or are daily being destroyed

sve stare nacionalne industrije su uništene, ili se svakodnevno uništavaju

all old-established national industries are dislodged by new industries

sve stare nacionalne industrije istisnute su novim industrijama

their introduction becomes a life and death question for all civilised nations

njihovo uvođenje postaje pitanje života i smrti za sve civilizirane narode

they are dislodged by industries that no longer work up indigenous raw material

istiskuju ih industrije koje više ne obrađuju domaće sirovine

instead, these industries pull raw materials from the remotest zones

umjesto toga, ove industrije izvlače sirovine iz najudaljenijih zona

industries whose products are consumed, not only at home, but in every quarter of the globe

industrije čiji se proizvodi konzumiraju, ne samo kod kuće, već i u svim dijelovima svijeta

In place of the old wants, satisfied by the productions of the country, we find new wants

Umjesto starih potreba, zadovoljenih proizvodima zemlje, nalazimo nove želje

these new wants require for their satisfaction the products of distant lands and climes

Ove nove potrebe zahtijevaju za svoje zadovoljenje proizvode dalekih zemalja i podneblja

In place of the old local and national seclusion and self-sufficiency, we have trade

Umjesto stare lokalne i nacionalne osamljenosti i samodostatnosti, imamo trgovinu

international exchange in every direction; universal inter-dependence of nations

međunarodna razmjena u svim smjerovima; univerzalna međuovisnost naroda

and just as we have dependency on materials, so we are dependent on intellectual production

i baš kao što smo ovisni o materijalima, tako smo i ovisni o intelektualnoj proizvodnji

The intellectual creations of individual nations become common property

Intelektualne tvorevine pojedinih naroda postaju zajedničko vlasništvo

National one-sidedness and narrow-mindedness become more and more impossible

Nacionalna jednostranost i uskogrudnost postaju sve nemogući

and from the numerous national and local literatures, there arises a world literature

a iz brojnih nacionalnih i lokalnih književnosti proizlazi svjetska književnost

by the rapid improvement of all instruments of production

brzim poboljšanjem svih instrumenata proizvodnje

by the immensely facilitated means of communication

neizmjerno olakšanim sredstvima komunikacije

The Bourgeoisie draws all (even the most barbarian nations) into civilisation

Buržoazija privlači sve (čak i najbarbarskije nacije) u civilizaciju

The cheap prices of its commodities; the heavy artillery that batters down all Chinese walls

Niske cijene njezine robe; teško topništvo koje ruši sve kineske zidine

the barbarians' intensely obstinate hatred of foreigners is forced to capitulate

Tvrdoglava mržnja barbara prema strancima prisiljena je kapitulirati

It compels all nations, on pain of extinction, to adopt the Bourgeoisie mode of production

Prisiljava sve nacije, pod prijetnjom izumiranja, da prihvate buržoaski način proizvodnje

it compels them to introduce what it calls civilisation into their midst

prisiljava ih da u svoju sredinu uvedu ono što naziva civilizacijom

The Bourgeoisie force the barbarians to become Bourgeoisie themselves

Buržoazija prisiljava barbare da i sami postanu buržoazija

in a word, the Bourgeoisie creates a world after its own image

jednom riječju, buržoazija stvara svijet po svojoj slici

The Bourgeoisie has subjected the countryside to the rule of the towns

Buržoazija je podvrgnula selo vladavini gradova

It has created enormous cities and greatly increased the urban population

Stvorio je ogromne gradove i uvelike povećao urbano stanovništvo

it rescued a considerable part of the population from the idiocy of rural life

spasio je znatan dio stanovništva od idiotizma seoskog života

but it has made those in the the countryside dependent on the towns

ali je učinila one na selu ovisnima o gradovima

and likewise, it has made the barbarian countries dependent on the civilised ones

Isto tako, učinila je barbarske zemlje ovisnima o civiliziranim

nations of peasants on nations of Bourgeoisie, the East on the West

nacije seljaka na narode buržoazije, istok na zapad

The Bourgeoisie does away with the scattered state of the population more and more

Buržoazija sve više uklanja raštrkano stanje stanovništva

It has agglomerated production, and has concentrated property in a few hands

Ima aglomeriranu proizvodnju i koncentrirano vlasništvo u nekoliko ruku

The necessary consequence of this was political centralisation

Nužna posljedica toga bila je politička centralizacija

there had been independent nations and loosely connected provinces

Postojale su neovisne nacije i labavo povezane provincije

they had separate interests, laws, governments and systems of taxation

imali su odvojene interese, zakone, vlade i sustave oporezivanja

but they have become lumped together into one nation, with one government

ali su se svrstali u jednu naciju, s jednom vladom

they now have one national class-interest, one frontier and one customs-tariff

sada imaju jedan nacionalni klasni interes, jednu granicu i jednu carinsku tarifu

and this national class-interest is unified under one code of law

a ovaj nacionalni klasni interes ujedinjen je pod jednim zakonom

the Bourgeoisie has achieved much during its rule of scarce one hundred years

buržoazija je postigla mnogo tijekom svoje vladavine od jedva stotinu godina

more massive and colossal productive forces than have all preceding generations together

masivnije i kolosalnije proizvodne snage nego što su to imale sve prethodne generacije zajedno

Nature's forces are subjugated to the will of man and his machinery

Sile prirode podređene su volji čovjeka i njegove mašinerije

chemistry is applied to all forms of industry and types of agriculture

Kemija se primjenjuje u svim oblicima industrije i vrstama poljoprivrede

steam-navigation, railways, electric telegraphs, and the printing press

parna plovidba, željeznice, električni telegrafi i tiskarski stroj

clearing of whole continents for cultivation, canalisation of rivers

čišćenje cijelih kontinenata za obradu, kanalizacija rijeka

whole populations have been conjured out of the ground and put to work

cijele populacije su dočarane iz zemlje i stavljene na posao

what earlier century had even a presentiment of what could be unleashed?

Koje je ranije stoljeće imalo čak i predosjećaj onoga što se može osloboditi?

who predicted that such productive forces slumbered in the lap of social labour?

Tko je predvidio da takve proizvodne snage drijemaju u krilu društvenog rada?

we see then that the means of production and of exchange were generated in feudal society

Vidimo da su sredstva za proizvodnju i razmjenu nastala u feudalnom društvu

the means of production on whose foundation the Bourgeoisie built itself up

sredstva za proizvodnju na čijim se temeljima buržoazija izgradila

At a certain stage in the development of these means of production and of exchange

U određenoj fazi razvoja ovih sredstava proizvodnje i razmjene

the conditions under which feudal society produced and exchanged

uvjeti pod kojima je feudalno društvo proizvodilo i razmjenjivalo

the feudal organisation of agriculture and manufacturing industry

Feudalna organizacija poljoprivrede i prerađivačke industrije

the feudal relations of property were no longer compatible with the material conditions

feudalni vlasnički odnosi više nisu bili kompatibilni s materijalnim uvjetima

They had to be burst asunder, so they were burst asunder

Morali su se rasprsnuti, pa su ih rasprsnuli

Into their place stepped free competition from the productive forces

Na njihovo mjesto zakoračila je slobodna konkurencija proizvodnih snaga

and they were accompanied by a social and political constitution adapted to it

i bili su popraćeni društvenim i političkim ustavom prilagođenim njemu

and it was accompanied by the economical and political sway of the Bourgeoisie class

i bio je popraćen ekonomskim i političkim utjecajem buržoaske klase

A similar movement is going on before our own eyes

Sličan pokret odvija se pred našim očima

Modern Bourgeoisie society with its relations of production, and of exchange, and of property

Moderno buržoasko društvo sa svojim odnosima proizvodnje, razmjene i vlasništva

a society that has conjured up such gigantic means of production and of exchange

društvo koje je dočaralo takva gigantska sredstva proizvodnje i razmjene

it is like the sorcerer who called up the powers of the nether world

To je poput čarobnjaka koji je prizvao moći donjeg svijeta

but he is no longer able to control what he has brought into the world

Ali on više nije u stanju kontrolirati ono što je donio na svijet

For many a decade past history was tied together by a common thread

Mnogo desetljeća prošla povijest je bila povezana zajedničkom niti

the history of industry and commerce has been but the history of revolts

Povijest industrije i trgovine bila je samo povijest pobuna

the revolts of modern productive forces against modern conditions of production

pobune modernih proizvodnih snaga protiv modernih uvjeta proizvodnje

the revolts of modern productive forces against property relations

pobune modernih proizvodnih snaga protiv vlasničkih odnosa

these property relations are the conditions for the existence of the Bourgeoisie

ti imovinski odnosi su uvjeti za postojanje buržoazije

and the existence of the Bourgeoisie determines the rules for property relations

a postojanje buržoazije određuje pravila za imovinske odnose

it is enough to mention the periodical return of commercial crises

Dovoljno je spomenuti povremeni povratak komercijalnih kriza

each commercial crisis is more threatening to Bourgeoisie society than the last

svaka komercijalna kriza više prijeti buržoaskom društvu od prethodne

In these crises a great part of the existing products are destroyed

U tim krizama veliki dio postojećih proizvoda se uništava

but these crises also destroy the previously created productive forces

Ali ove krize također uništavaju prethodno stvorene proizvodne snage

in all earlier epochs these epidemics would have seemed an absurdity

U svim ranijim epohama ove bi se epidemije činile apsurdom

because these epidemics are the commercial crises of over-production

jer su ove epidemije komercijalne krize prekomjerne proizvodnje

Society suddenly finds itself put back into a state of momentary barbarism

Društvo se odjednom vraća u stanje trenutnog barbarizma

as if a universal war of devastation had cut off every means of subsistence

kao da je sveopći rat razaranja odsjekao sva sredstva za život

industry and commerce seem to have been destroyed; and why?

čini se da su industrija i trgovina uništeni; I zašto?

Because there is too much civilisation and means of subsistence

Zato što ima previše civilizacije i sredstava za život

and because there is too much industry, and too much commerce

i zato što ima previše industrije i previše trgovine

The productive forces at the disposal of society no longer develop Bourgeoisie property

Proizvodne snage koje su na raspolaganju društvu više ne razvijaju buržoasku imovinu

on the contrary, they have become too powerful for these conditions, by which they are fettered

naprotiv, postali su previše moćni za ove uvjete, kojima su sputani

as soon as they overcome these fetters, they bring disorder into the whole of Bourgeoisie society

čim prevladaju te okove, unose nered u cijelo buržoasko društvo

and the productive forces endanger the existence of Bourgeoisie property

a proizvodne snage ugrožavaju postojanje buržoaskog vlasništva

The conditions of Bourgeoisie society are too narrow to comprise the wealth created by them

Uvjeti buržoaskog društva su preuski da bi obuhvatili bogatstvo koje su stvorili

And how does the Bourgeoisie get over these crises?

I kako buržoazija prebrodi ove krize?

On the one hand, it overcomes these crises by the enforced destruction of a mass of productive forces

S jedne strane, te krize prevladava prisilnim uništavanjem mase proizvodnih snaga

on the other hand, it overcomes these crises by the conquest of new markets

s druge strane, te krize prevladava osvajanjem novih tržišta

and it overcomes these crises by the more thorough exploitation of the old forces of production

i prevladava te krize temeljitijom eksploatacijom starih proizvodnih snaga

That is to say, by paving the way for more extensive and more destructive crises

Odnosno, utirući put opsežnijim i destruktivnijim krizama

it overcomes the crisis by diminishing the means whereby crises are prevented

ona prevladava krizu smanjenjem sredstava za sprečavanje kriza

The weapons with which the Bourgeoisie felled feudalism to the ground are now turned against itself

Oružje kojim je buržoazija srušila feudalizam na zemlju sada je okrenuto protiv nje same

But not only has the Bourgeoisie forged the weapons that bring death to itself

Ali ne samo da je buržoazija iskovala oružje koje sebi donosi smrt

it has also called into existence the men who are to wield those weapons

također je pozvao u postojanje ljude koji će rukovati tim oružjem

and these men are the modern working class; they are the proletarians

a ti su ljudi moderna radnička klasa; oni su proleteri

In proportion as the Bourgeoisie is developed, in the same proportion is the Proletariat developed

U onoj mjeri u kojoj se razvija buržoazija, u istom omjeru razvija se i proletarijat

the modern working class developed a class of labourers

moderna radnička klasa razvila je klasu radnika

this class of labourers live only so long as they find work

Ova klasa radnika živi samo dok nađu posao

and they find work only so long as their labour increases capital

i oni nalaze posao samo dok njihov rad povećava kapital

These labourers, who must sell themselves piece-meal, are a commodity

Ti radnici, koji se moraju prodavati po komadima, roba su roba

these labourers are like every other article of commerce

Ovi radnici su kao i svaki drugi trgovački artikl

and they are consequently exposed to all the vicissitudes of competition

i posljedično su izloženi svim promjenama konkurencije

they have to weather all the fluctuations of the market

moraju prebroditi sve fluktuacije na tržištu

Owing to the extensive use of machinery and to division of labour

Zahvaljujući širokoj upotrebi strojeva i podjeli rada

the work of the proletarians has lost all individual character

rad proletera izgubio je sav individualni karakter

and consequently, the work of the proletarians has lost all charm for the workman

i posljedično, rad proletera izgubio je sav šarm za radnika

He becomes an appendage of the machine, rather than the man he once was

On postaje privjesak stroja, a ne čovjek kakav je nekoć bio

only the most simple, monotonous, and most easily acquired knack is required of him

od njega se traži samo najjednostavniji, monotoni i najlakše stečen talent

Hence, the cost of production of a workman is restricted

Stoga su troškovi proizvodnje radnika ograničeni

it is restricted almost entirely to the means of subsistence that he requires for his maintenance

ona je gotovo u potpunosti ograničena na sredstva za život koja su mu potrebna za uzdržavanje

and it is restricted to the means of subsistence that he requires for the propagation of his race

i ograničen je na sredstva za život koja su mu potrebna za razmnožavanje svoje rase

But the price of a commodity, and therefore also of labour, is equal to its cost of production

Ali cijena robe, a time i rada, jednaka je njezinim troškovima proizvodnje

In proportion, therefore, as the repulsiveness of the work increases, the wage decreases

Proporcionalno, dakle, kako se odbojnost rada povećava, plaća se smanjuje

Nay, the repulsiveness of his work increases at an even greater rate

Ne, odbojnost njegova djela raste još većom brzinom

as the use of machinery and division of labour increases, so does the burden of toil

Kako se povećava upotreba strojeva i podjela rada, tako raste i teret truda

the burden of toil is increased by prolongation of the working hours

teret rada povećava se produljenjem radnog vremena

more is expected of the labourer in the same time as before

više se očekuje od radnika u isto vrijeme kao i prije

and of course the burden of the toil is increased by the speed of the machinery

i naravno, teret truda povećava se brzinom strojeva

Modern industry has converted the little workshop of the patriarchal master into the great factory of the industrial capitalist

Moderna industrija pretvorila je malu radionicu patrijarhalnog gospodara u veliku tvornicu industrijskog kapitalista

Masses of labourers, crowded into the factory, are organised like soldiers

Mase radnika, nagurane u tvornicu, organizirane su poput vojnika

As privates of the industrial army they are placed under the command of a perfect hierarchy of officers and sergeants

Kao redovi industrijske vojske stavljeni su pod zapovjedništvo savršene hijerarhije časnika i narednika

they are not only the slaves of the Bourgeoisie class and State

oni nisu samo robovi buržoaske klase i države

but they are also daily and hourly enslaved by the machine

ali oni su također svakodnevno i satno porobljeni strojem

they are enslaved by the over-looker, and, above all, by the individual Bourgeoisie manufacturer himself

oni su porobljeni od strane promatrača, i, iznad svega, od samog pojedinog buržoaskog proizvođača

The more openly this despotism proclaims gain to be its end and aim, the more petty, the more hateful and the more embittering it is

Što otvorenije ovaj despotizam proglašava dobitak svojim ciljem i ciljem, to je sitniji, mrskiji i ogorčeniji

the more modern industry becomes developed, the lesser are the differences between the sexes

Što se modernija industrija razvija, to su manje razlike među spolovima

The less the skill and exertion of strength implied in manual labour, the more is the labour of men superseded by that of women

Što je manje vještina i napor snage implicirani u fizičkom radu, to je više rad muškaraca zamijenjen radom žena

Differences of age and sex no longer have any distinctive social validity for the working class

Razlike u dobi i spolu više nemaju nikakvu prepoznatljivu društvenu vrijednost za radničku klasu

All are instruments of labour, more or less expensive to use, according to their age and sex

Svi su to instrumenti rada, više ili jeftiniji za korištenje, ovisno o njihovoj dobi i spolu

as soon as the labourer receives his wages in cash, than he is set upon by the other portions of the Bourgeoisie

čim radnik primi svoju plaću u gotovini, tada ga nailaze drugi dijelovi buržoazije

the landlord, the shopkeeper, the pawnbroker, etc

stanodavac, trgovac, zalagaonica itd

The lower strata of the middle class; the small trades people and shopkeepers

Niži slojevi srednje klase; mali obrtnici i trgovci

the retired tradesmen generally, and the handicraftsmen and peasants

umirovljeni obrtnici općenito, te zanatlije i seljaci

all these sink gradually into the Proletariat

sve to postupno tone u proletarijat

partly because their diminutive capital does not suffice for the scale on which Modern Industry is carried on

dijelom zato što njihov mali kapital nije dovoljan za razmjere u kojima se odvija moderna industrija

and because it is swamped in the competition with the large capitalists

i zato što je preplavljena konkurencijom s velikim kapitalistima

partly because their specialized skill is rendered worthless by the new methods of production

dijelom zato što je njihova specijalizirana vještina postala bezvrijedna novim metodama proizvodnje

Thus the Proletariat is recruited from all classes of the population

Tako se proletarijat regrutira iz svih slojeva stanovništva

The Proletariat goes through various stages of development

Proletarijat prolazi kroz različite faze razvoja

With its birth begins its struggle with the Bourgeoisie

Njegovim rođenjem započinje borba s buržoazijom

At first the contest is carried on by individual labourers

U početku natjecanje vode pojedinačni radnici

then the contest is carried on by the workpeople of a factory

tada natjecanje vode radnici tvornice

then the contest is carried on by the operatives of one trade, in one locality

tada natjecanje vode operativci jedne trgovine, na jednom mjestu

and the contest is then against the individual Bourgeoisie who directly exploits them

a natjecanje je tada protiv individualne buržoazije koja ih izravno iskorištava

They direct their attacks not against the Bourgeoisie conditions of production

Oni usmjeravaju svoje napade ne protiv buržoaskih uvjeta proizvodnje

but they direct their attack against the instruments of production themselves

ali oni usmjeravaju svoj napad na same instrumente proizvodnje

they destroy imported wares that compete with their labour

uništavaju uvezenu robu koja se natječe s njihovim radom

they smash to pieces machinery and they set factories ablaze

razbijaju strojeve na komade i pale tvornice

they seek to restore by force the vanished status of the workman of the Middle Ages

oni nastoje silom vratiti nestali status radnika srednjeg vijeka

At this stage the labourers still form an incoherent mass scattered over the whole country

U ovoj fazi radnici još uvijek čine nekoherentnu masu raštrkanu po cijeloj zemlji

and they are broken up by their mutual competition

i razbija ih međusobna konkurencija

If anywhere they unite to form more compact bodies, this is not yet the consequence of their own active union

Ako se bilo gdje ujedine u kompaktnija tijela, to još nije posljedica njihovog vlastitog aktivnog sjedinjenja

but it is a consequence of the union of the Bourgeoisie, to attain its own political ends

ali to je posljedica ujedinjenja buržoazije, da postigne svoje vlastite političke ciljeve

the Bourgeoisie is compelled to set the whole Proletariat in motion

buržoazija je prisiljena pokrenuti cijeli proletarijat

and moreover, for a time being, the Bourgeoisie is able to do so

i štoviše, buržoazija je za neko vrijeme u stanju to učiniti

At this stage, therefore, the proletarians do not fight their enemies

U ovoj fazi, dakle, proleteri se ne bore protiv svojih neprijatelja

but instead they are fighting the enemies of their enemies

već se umjesto toga bore protiv neprijatelja svojih neprijatelja

the fight the remnants of absolute monarchy and the landowners

Borba protiv ostataka apsolutne monarhije i zemljoposjednika

they fight the non-industrial Bourgeoisie; the petty Bourgeoisie

oni se bore protiv neindustrijske buržoazije; sitna buržoazija

Thus the whole historical movement is concentrated in the hands of the Bourgeoisie

Tako je cijeli povijesni pokret koncentriran u rukama buržoazije

every victory so obtained is a victory for the Bourgeoisie

svaka tako postignuta pobjeda je pobjeda buržoazije

But with the development of industry the Proletariat not only increases in number

Ali s razvojem industrije, proletarijat ne samo da raste u broju

the Proletariat becomes concentrated in greater masses and its strength grows

Proletarijat se koncentrira u većim masama i njegova snaga raste

and the Proletariat feels that strength more and more

a proletarijat sve više i više osjeća tu snagu

The various interests and conditions of life within the ranks of the Proletariat are more and more equalised

Različiti interesi i uvjeti života u redovima proletarijata sve su više i više izjednačeni

they become more in proportion as machinery obliterates all distinctions of labour

one postaju sve proporcionalnije kako strojevi brišu sve razlike u radu

and machinery nearly everywhere reduces wages to the same low level

a strojevi gotovo svugdje smanjuju plaće na istu nisku razinu

The growing competition among the Bourgeoisie, and the resulting commercial crises, make the wages of the workers ever more fluctuating

Rastuća konkurencija među buržoazijom i posljedična trgovinska kriza čine plaće radnika sve fluktuirajućim

The unceasing improvement of machinery, ever more rapidly developing, makes their livelihood more and more precarious

Neprekidno poboljšanje strojeva, koji se sve brže razvijaju, čini njihov život sve nesigurnijim i nesigurnijim

the collisions between individual workmen and individual Bourgeoisie take more and more the character of collisions between two classes

sudari između pojedinačnih radnika i individualne buržoazije sve više poprimaju karakter sudara između dviju klasa

Thereupon the workers begin to form combinations (Trades Unions) against the Bourgeoisie

Nakon toga radnici počinju formirati udruživanja (sindikate) protiv buržoazije

they club together in order to keep up the rate of wages

udružuju se kako bi održali stopu plaća

they found permanent associations in order to make provision beforehand for these occasional revolts

Pronašli su trajne udruge kako bi se unaprijed pobrinuli za ove povremene pobune

Here and there the contest breaks out into riots

Tu i tamo natjecanje izbija u nerede

Now and then the workers are victorious, but only for a time

S vremena na vrijeme radnici pobjeđuju, ali samo na neko vrijeme

The real fruit of their battles lies, not in the immediate result, but in the ever-expanding union of the workers

Pravi plod njihovih borbi ne leži u neposrednom ishodu, već u sve većem sindikatu radnika

This union is helped on by the improved means of communication that are created by modern industry

Ovom sindikatu pomažu poboljšana sredstva komunikacije koja stvara moderna industrija

modern communication places the workers of different localities in contact with one another

suvremena komunikacija dovodi radnike s različitih lokaliteta u međusobni kontakt

It was just this contact that was needed to centralise the numerous local struggles into one national struggle between classes

Upravo je taj kontakt bio potreban da se brojne lokalne borbe centraliziraju u jednu nacionalnu borbu između klasa

all of these struggles are of the same character, and every class struggle is a political struggle

Sve ove borbe su istog karaktera, a svaka klasna borba je politička borba

the burghers of the Middle Ages, with their miserable highways, required centuries to form their unions

građanima srednjeg vijeka, sa svojim bijednim autocestama, bila su potrebna stoljeća da formiraju svoje sindikate

the modern proletarians, thanks to railways, achieve their unions within a few years

Moderni proleteri, zahvaljujući željeznici, postižu svoje sindikate u roku od nekoliko godina

This organisation of the proletarians into a class consequently formed them into a political party

Ova organizacija proletarijata u klasu ih je posljedično formirala u političku stranku

the political class is continually being upset again by the competition between the workers themselves

Politička klasa je neprestano ponovno uznemirena konkurencijom između samih radnika

But the political class continues to rise up again, stronger, firmer, mightier

Ali politička klasa nastavlja se ponovno dizati, jača, čvršća, moćnija

It compels legislative recognition of particular interests of the workers

Njome se prisiljava na zakonodavno priznavanje posebnih interesa radnika

it does this by taking advantage of the divisions among the Bourgeoisie itself

to čini iskorištavajući podjele među samom buržoazijom

Thus the ten-hours' bill in England was put into law

Tako je zakon o desetosatnom radu u Engleskoj stavljen u zakon

in many ways the collisions between the classes of the old society further is the course of development of the Proletariat

na mnogo načina sudari između klasa starog društva dalje su tijek razvoja proletarijata

The Bourgeoisie finds itself involved in a constant battle

Buržoazija se nalazi u stalnoj borbi

At first it will find itself involved in a constant battle with the aristocracy

U početku će se naći u stalnoj borbi s aristokracijom

later on it will find itself involved in a constant battle with those portions of the Bourgeoisie itself

kasnije će se naći u stalnoj borbi s onim dijelovima same buržoazije

and their interests will have become antagonistic to the progress of industry

i njihovi će interesi postati antagonistički prema napretku industrije

at all times, their interests will have become antagonistic with the Bourgeoisie of foreign countries

u svakom trenutku, njihovi interesi će postati antagonistički prema buržoaziji stranih zemalja

In all these battles it sees itself compelled to appeal to the Proletariat, and asks for its help

U svim tim bitkama ona se osjeća primoranom apelirati na
proletarijat i traži njegovu pomoć
**and thus, it will feel compelled to drag it into the political
arena**
i stoga će se osjećati prisiljenim uvući ga u političku arenu
**The Bourgeoisie itself, therefore, supplies the Proletariat
with its own instruments of political and general education**
Sama buržoazija, dakle, opskrbljuje proletarijat vlastitim
instrumentima političkog i općeg obrazovanja
**in other words, it furnishes the Proletariat with weapons for
fighting the Bourgeoisie**
drugim riječima, ona opskrbljuje proletarijat oružjem za borbu
protiv buržoazije
**Further, as we have already seen, entire sections of the
ruling classes are precipitated into the Proletariat**
Nadalje, kao što smo već vidjeli, čitavi dijelovi vladajućih
klasa strmoglavljeni su u proletarijat
the advance of industry sucks them into the Proletariat
napredak industrije ih usisava u proletarijat
**or, at least, they are threatened in their conditions of
existence**
ili su, barem, ugroženi u svojim uvjetima postojanja
**These also supply the Proletariat with fresh elements of
enlightenment and progress**
Oni također opskrbljuju proletarijat svježim elementima
prosvjetljenja i napretka
**Finally, in times when the class struggle nears the decisive
hour**
Konačno, u vremenima kada se klasna borba približava
odlučujućem času
the process of dissolution going on within the ruling class
proces raspada koji se odvija unutar vladajuće klase
**in fact, the dissolution going on within the ruling class will
be felt within the whole range of society**
zapravo, raspad koji se događa unutar vladajuće klase osjetit
će se u cijelom nizu društva

it will take on such a violent, glaring character, that a small section of the ruling class cuts itself adrift

poprimit će tako nasilan, upadljiv karakter, da će se mali dio vladajuće klase odrezati

and that ruling class will join the revolutionary class

i da će se vladajuća klasa pridružiti revolucionarnoj klasi

the revolutionary class being the class that holds the future in its hands

revolucionarna klasa je klasa koja drži budućnost u svojim rukama

Just as at an earlier period, a section of the nobility went over to the Bourgeoisie

Baš kao i u ranijem razdoblju, dio plemstva prešao je u buržoaziju

the same way a portion of the Bourgeoisie will go over to the Proletariat

na isti način će dio buržoazije prijeći na proletarijat

in particular, a portion of the Bourgeoisie will go over to a portion of the Bourgeoisie ideologists

konkretno, dio buržoazije će prijeći na dio buržoaskih ideologa

Bourgeoisie ideologists who have raised themselves to the level of comprehending theoretically the historical movement as a whole

Buržoaski ideolozi koji su se uzdigli na razinu teoretskog razumijevanja povijesnog pokreta u cjelini

Of all the classes that stand face to face with the Bourgeoisie today, the Proletariat alone is a really revolutionary class

Od svih klasa koje danas stoje licem u lice s buržoazijom, samo je proletarijat stvarno revolucionarna klasa

The other classes decay and finally disappear in the face of Modern Industry

Ostale klase propadaju i konačno nestaju pred modernom industrijom

the Proletariat is its special and essential product

Proletarijat je njegov poseban i bitan proizvod

The lower middle class, the small manufacturer, the shopkeeper, the artisan, the peasant
Niža srednja klasa, mali proizvođač, trgovac, obrtnik, seljak

all these fight against the Bourgeoisie
sve se to bori protiv buržoazije

they fight as fractions of the middle class to save themselves from extinction
Oni se bore kao frakcije srednje klase kako bi se spasili od izumiranja

They are therefore not revolutionary, but conservative
Stoga nisu revolucionarni, već konzervativni

Nay more, they are reactionary, for they try to roll back the wheel of history
Štoviše, oni su reakcionarni, jer pokušavaju vratiti kotač povijesti

If by chance they are revolutionary, they are so only in view of their impending transfer into the Proletariat
Ako su slučajno revolucionarni, to su samo s obzirom na njihov predstojeći prelazak u proletarijat

they thus defend not their present, but their future interests
na taj način ne brane svoje sadašnje, već buduće interese

they desert their own standpoint to place themselves at that of the Proletariat
oni napuštaju svoje stajalište kako bi se postavili na stajalište proletarijata

The "dangerous class," the social scum, that passively rotting mass thrown off by the lowest layers of old society
"Opasna klasa", društveni ološ, ta pasivno trula masa koju su odbacili najniži slojevi starog društva

they may, here and there, be swept into the movement by a proletarian revolution
oni mogu, tu i tamo, biti uvučeni u pokret proleterskom revolucijom

its conditions of life, however, prepare it far more for the part of a bribed tool of reactionary intrigue

Njegovi životni uvjeti, međutim, daleko ga više pripremaju za dio podmićenog oruđa reakcionarnih spletki

In the conditions of the Proletariat, those of old society at large are already virtually swamped

U uvjetima proletarijata, oni starog društva u cjelini već su praktički preplavljeni

The proletarian is without property

Proleter je bez imovine

his relation to his wife and children has no longer anything in common with the Bourgeoisie's family-relations

njegov odnos sa ženom i djecom više nema ništa zajedničko s obiteljskim odnosima buržoazije

modern industrial labour, modern subjection to capital, the same in England as in France, in America as in Germany

moderni industrijski rad, moderna podložnost kapitalu, isto u Engleskoj kao i u Francuskoj, u Americi kao i u Njemačkoj

his condition in society has stripped him of every trace of national character

njegovo stanje u društvu oduzelo mu je svaki trag nacionalnog karaktera

Law, morality, religion, are to him so many Bourgeoisie prejudices

Zakon, moral, religija, za njega su toliko buržoaskih predrasuda

and behind these prejudices lurk in ambush just as many Bourgeoisie interests

a iza tih predrasuda vrebaju u zasjedi jednako kao i mnogi buržoaski interesi

All the preceding classes that got the upper hand, sought to fortify their already acquired status

Sve prethodne klase koje su dobile prednost, nastojale su učvrstiti svoj već stečeni status

they did this by subjecting society at large to their conditions of appropriation

To su učinili podvrgavajući društvo u cjelini svojim uvjetima prisvajanja

The proletarians cannot become masters of the productive forces of society

Proleteri ne mogu postati gospodari proizvodnih snaga društva

it can only do this by abolishing their own previous mode of appropriation

to može učiniti samo ukidanjem vlastitog prethodnog načina prisvajanja

and thereby it also abolishes every other previous mode of appropriation

i time također ukida svaki drugi prethodni način prisvajanja

They have nothing of their own to secure and to fortify

Oni nemaju ništa svoje za osigurati i učvrstiti

their mission is to destroy all previous securities for, and insurances of, individual property

njihova je misija uništiti sve prethodne vrijednosne papire i osiguranja pojedinačne imovine

All previous historical movements were movements of minorities

Svi prethodni povijesni pokreti bili su pokreti manjina

or they were movements in the interests of minorities

ili su to bili pokreti u interesu manjina

The proletarian movement is the self-conscious, independent movement of the immense majority

Proleterski pokret je samosvjestan, neovisan pokret ogromne većine

and it is a movement in the interests of the immense majority

i to je pokret u interesu ogromne većine

The Proletariat, the lowest stratum of our present society

Proletarijat, najniži sloj našeg sadašnjeg društva

it cannot stir or raise itself up without the whole superincumbent strata of official society being sprung into the air

ne može se uzburkati ili podići bez da se cijeli nadmoćni slojevi službenog društva podignu u zrak

Though not in substance, yet in form, the struggle of the Proletariat with the Bourgeoisie is at first a national struggle

Iako ne u suštini, ali u formi, borba proletarijata s buržoazijom isprva je nacionalna borba

The Proletariat of each country must, of course, first of all settle matters with its own Bourgeoisie

Proletarijat svake zemlje mora, naravno, prije svega riješiti stvari sa svojom buržoazijom

In depicting the most general phases of the development of the Proletariat, we traced the more or less veiled civil war

U prikazu najopćenitijih faza razvoja proletarijata, pratili smo manje ili više prikriveni građanski rat

this civil is raging within existing society

Ovaj građanski bjesni unutar postojećeg društva

it will rage up to the point where that war breaks out into open revolution

bjesnit će do točke u kojoj će taj rat izbiti u otvorenu revoluciju

and then the violent overthrow of the Bourgeoisie lays the foundation for the sway of the Proletariat

a onda nasilno svrgavanje buržoazije postavlja temelje za vlast proletarijata

Hitherto, every form of society has been based, as we have already seen, on the antagonism of oppressing and oppressed classes

Do sada se svaki oblik društva temeljio, kao što smo već vidjeli, na antagonizmu ugnjetavajućih i potlačenih klasa

But in order to oppress a class, certain conditions must be assured to it

Ali da bi se klasa ugnjetavala, moraju joj se osigurati određeni uvjeti

the class must be kept under conditions in which it can, at least, continue its slavish existence

klasa se mora držati u uvjetima u kojima može, barem, nastaviti svoje ropsko postojanje

The serf, in the period of serfdom, raised himself to membership in the commune

Kmet se u razdoblju kmetstva uzdigao u članstvo u komuni
**just as the petty Bourgeoisie, under the yoke of feudal
absolutism, managed to develop into a Bourgeoisie**
baš kao što se sitna buržoazija, pod jarmom feudalnog
apsolutizma, uspjela razviti u buržoaziju
**The modern labourer, on the contrary, instead of rising with
the progress of industry, sinks deeper and deeper**
Moderni radnik, naprotiv, umjesto da se uzdiže s napretkom
industrije, tone sve dublje i dublje
he sinks below the conditions of existence of his own class
on tone ispod uvjeta postojanja vlastite klase
**He becomes a pauper, and pauperism develops more rapidly
than population and wealth**
On postaje siromah, a siromaštvo se razvija brže od
stanovništva i bogatstva
**And here it becomes evident, that the Bourgeoisie is unfit
any longer to be the ruling class in society**
I tu postaje očito da buržoazija više nije sposobna biti
vladajuća klasa u društvu
**and it is unfit to impose its conditions of existence upon
society as an over-riding law**
i neprikladno je nametati svoje uvjete postojanja društvu kao
prevladavajući zakon
**It is unfit to rule because it is incompetent to assure an
existence to its slave within his slavery**
Nesposoban je vladati jer je nesposoban osigurati egzistenciju
svom robu u njegovom ropstvu
**because it cannot help letting him sink into such a state, that
it has to feed him, instead of being fed by him**
jer ne može a da ga ne pusti da potone u takvo stanje, da ga
mora hraniti, umjesto da ga on hrani
Society can no longer live under this Bourgeoisie
Društvo više ne može živjeti pod ovom buržoazijom
**in other words, its existence is no longer compatible with
society**

drugim riječima, njegovo postojanje više nije kompatibilno s društvom

The essential condition for the existence, and for the sway of the Bourgeoisie class, is the formation and augmentation of capital

Osnovni uvjet za postojanje i utjecaj buržoaske klase je formiranje i povećanje kapitala

the condition for capital is wage-labour

uvjet za kapital je najamni rad

Wage-labour rests exclusively on competition between the labourers

Najamni rad počiva isključivo na konkurenciji između radnika

The advance of industry, whose involuntary promoter is the Bourgeoisie, replaces the isolation of the labourers

Napredak industrije, čiji je nedobrovoljni promicatelj buržoazija, zamjenjuje izolaciju radnika

due to competition, due to their revolutionary combination, due to association

zbog konkurencije, zbog njihove revolucionarne kombinacije, zbog udruživanja

The development of Modern Industry cuts from under its feet the very foundation on which the Bourgeoisie produces and appropriates products

Razvoj moderne industrije siječe ispod nogu sam temelj na kojem buržoazija proizvodi i prisvaja proizvode

What the Bourgeoisie produces, above all, is its own grave-diggers

Ono što buržoazija proizvodi, prije svega, su njeni vlastiti grobari

The fall of the Bourgeoisie and the victory of the Proletariat are equally inevitable

Pad buržoazije i pobjeda proletarijata jednako su neizbježni

Proletarians and Communists
Proleteri i komunisti

In what relation do the Communists stand to the proletarians as a whole?

U kakvom su odnosu komunisti prema proleterima u cjelini?

The Communists do not form a separate party opposed to other working-class parties

Komunisti ne formiraju zasebnu stranku nasuprot drugim strankama radničke klase

They have no interests separate and apart from those of the proletariat as a whole

Oni nemaju interese odvojene i odvojene od interesa proletarijata u cjelini

They do not set up any sectarian principles of their own, by which to shape and mould the proletarian movement

Oni ne postavljaju nikakve vlastite sektaške principe, po kojima bi oblikovali i oblikovali proleterski pokret

The Communists are distinguished from the other working-class parties by only two things

Komunisti se razlikuju od ostalih stranaka radničke klase po samo dvije stvari

Firstly, they point out and bring to the front the common interests of the entire proletariat, independently of all nationality

Prvo, oni ukazuju i stavljaju u prvi plan zajedničke interese cijelog proletarijata, neovisno o svakoj nacionalnosti

this they do in the national struggles of the proletarians of the different countries

To čine u nacionalnim borbama proletera različitih zemalja

Secondly, they always and everywhere represent the interests of the movement as a whole

Drugo, oni uvijek i svugdje zastupaju interese pokreta u cjelini

this they do in the various stages of development, which the struggle of the working class against the Bourgeoisie has to pass through

to čine u različitim fazama razvoja, kroz koje mora proći borba radničke klase protiv buržoazije

The Communists, therefore, are on the one hand, practically, the most advanced and resolute section of the working-class parties of every country

Komunisti su, dakle, s jedne strane, praktički najnapredniji i najodlučniji dio radničkih stranaka svake zemlje

they are that section of the working class which pushes forward all others

oni su onaj dio radničke klase koji gura naprijed sve druge

theoretically, they also have the advantage of clearly understanding the line of march

Teoretski, oni također imaju prednost jasnog razumijevanja linije marša

this they understand better compared the great mass of the proletariat

To oni bolje razumiju u usporedbi s velikom masom proletarijata

they understand the conditions, and the ultimate general results of the proletarian movement

Oni razumiju uvjete i krajnje opće rezultate proleterskog pokreta

The immediate aim of the Communist is the same as that of all the other proletarian parties

Neposredni cilj komunista isti je kao i svih drugih proleterskih partija

their aim is the formation of the proletariat into a class

Njihov cilj je formiranje proletarijata u klasu

they aim to overthrow the Bourgeoisie supremacy

cilj im je svrgnuti buržoasku nadmoć

the strive for the conquest of political power by the proletariat

težnja za osvajanjem političke moći od strane proletarijata

The theoretical conclusions of the Communists are in no way based on ideas or principles of reformers

Teorijski zaključci komunista ni na koji način nisu utemeljeni na idejama ili načelima reformatora

it wasn't would-be universal reformers that invented or discovered the theoretical conclusions of the Communists

nisu bili univerzalni reformatori ti koji su izmislili ili otkrili teorijske zaključke komunista

They merely express, in general terms, actual relations springing from an existing class struggle

One samo izražavaju, općenito govoreći, stvarne odnose koji proizlaze iz postojeće klasne borbe

and they describe the historical movement going on under our very eyes that have created this class struggle

i opisuju povijesni pokret koji se odvijao pred našim očima i koji je stvorio ovu klasnu borbu

The abolition of existing property relations is not at all a distinctive feature of Communism

Ukidanje postojećih vlasničkih odnosa uopće nije karakteristično obilježje komunizma

All property relations in the past have continually been subject to historical change

Svi vlasnički odnosi u prošlosti kontinuirano su bili podložni povijesnim promjenama

and these changes were consequent upon the change in historical conditions

a te su promjene bile posljedica promjene povijesnih uvjeta

The French Revolution, for example, abolished feudal property in favour of Bourgeoisie property

Francuska revolucija, na primjer, ukinula je feudalno vlasništvo u korist buržoaske imovine

The distinguishing feature of Communism is not the abolition of property, generally

Prepoznatljiva značajka komunizma nije ukidanje vlasništva, općenito

but the distinguishing feature of Communism is the abolition of Bourgeoisie property

ali prepoznatljiva značajka komunizma je ukidanje buržoaske imovine

But modern Bourgeoisie private property is the final and most complete expression of the system of producing and appropriating products

Ali moderno buržoasko privatno vlasništvo je konačni i najpotpuniji izraz sustava proizvodnje i prisvajanja proizvoda

it is the final state of a system that is based on class antagonisms, where class antagonism is the exploitation of the many by the few

to je konačno stanje sustava koji se temelji na klasnim antagonizmima, gdje je klasni antagonizam eksploatacija mnogih od strane nekolicine

In this sense, the theory of the Communists may be summed up in the single sentence; the Abolition of private property

U tom smislu, teorija komunista može se sažeti u jednu rečenicu; ukidanje privatnog vlasništva

We Communists have been reproached with the desire of abolishing the right of personally acquiring property

Nama komunistima se prigovara želja za ukidanjem prava osobnog stjecanja imovine

it is claimed that this property is the fruit of a man's own labour

Tvrdi se da je ovo svojstvo plod čovjekovog vlastitog rada

and this property is alleged to be the groundwork of all personal freedom, activity and independence.

a to je vlasništvo navodno temelj svake osobne slobode, aktivnosti i neovisnosti.

"Hard-won, self-acquired, self-earned property!"

"Teško stečena, samostečena, samozarađena imovina!"

Do you mean the property of the petty artisan and of the small peasant?

Mislite li na vlasništvo sitnog obrtnika i malog seljaka?

Do you mean a form of property that preceded the Bourgeoisie form?

Mislite li na oblik vlasništva koji je prethodio buržoaskom obliku?

There is no need to abolish that, the development of industry has to a great extent already destroyed it

To ne treba ukinuti, razvoj industrije ga je već u velikoj mjeri uništio

and development of industry is still destroying it daily

a razvoj industrije ga i dalje svakodnevno uništava

Or do you mean modern Bourgeoisie private property?

Ili mislite na privatno vlasništvo moderne buržoazije?

But does wage-labour create any property for the labourer?

No, stvara li najamni rad ikakvo vlasništvo za radnika?

no, wage labour creates not one bit of this kind of property!

Ne, najamni rad ne stvara ni jedan dio ove vrste imovine!

what wage labour does create is capital; that kind of property which exploits wage-labour

ono što najamni rad stvara je kapital; onu vrstu imovine koja iskorištava najamni rad

capital cannot increase except upon condition of begetting a new supply of wage-labour for fresh exploitation

kapital se ne može povećavati osim pod uvjetom da se stvori nova ponuda najamnog rada za novu eksploataciju

Property, in its present form, is based on the antagonism of capital and wage-labour

Vlasništvo, u svom sadašnjem obliku, temelji se na antagonizmu kapitala i najamnog rada

Let us examine both sides of this antagonism

Ispitajmo obje strane ovog antagonizma

To be a capitalist is to have not only a purely personal status

Biti kapitalist znači imati ne samo čisto osobni status

instead, to be a capitalist is also to have a social status in production

umjesto toga, biti kapitalist također znači imati društveni status u proizvodnji

because capital is a collective product; only by the united action of many members can it be set in motion

jer je kapital kolektivni proizvod; samo ujedinjenim
djelovanjem mnogih članova može se pokrenuti

**but this united action is a last resort, and actually requires
all members of society**

Ali ova ujedinjena akcija je posljednje utočište, i zapravo
zahtijeva sve članove društva

**Capital does get converted into the property of all members
of society**

Kapital se pretvara u vlasništvo svih članova društva

**but Capital is, therefore, not a personal power; it is a social
power**

ali Kapital, dakle, nije osobna moć; to je društvena moć

**so when capital is converted into social property, personal
property is not thereby transformed into social property**

Dakle, kada se kapital pretvara u društveno vlasništvo,
osobno vlasništvo se time ne pretvara u društveno vlasništvo

**It is only the social character of the property that is changed,
and loses its class-character**

Samo se društveni karakter vlasništva mijenja i gubi svoj
klasni karakter

Let us now look at wage-labour

Pogledajmo sada najamni rad

**The average price of wage-labour is the minimum wage, i.e.,
that quantum of the means of subsistence**

Prosječna cijena najamnog rada je minimalna plaća, tj. ona
količina sredstava za život

**this wage is absolutely requisite in bare existence as a
labourer**

Ova plaća je apsolutno neophodna u goloj egzistenciji kao
radnika

**What, therefore, the wage-labourer appropriates by means of
his labour, merely suffices to prolong and reproduce a bare
existence**

Ono što dakle najamni radnik prisvaja svojim radom, dovoljno
je samo da produži i reproducira golu egzistenciju

**We by no means intend to abolish this personal
appropriation of the products of labour**

Mi nipošto ne namjeravamo ukinuti ovo osobno prisvajanje
proizvoda rada

**an appropriation that is made for the maintenance and
reproduction of human life**

sredstva koja se izdvajaju za održavanje i reprodukciju
ljudskog života

**such personal appropriation of the products of labour leave
no surplus wherewith to command the labour of others**

takvo osobno prisvajanje proizvoda rada ne ostavlja višak
kojim bi se zapovijedao radom drugih

**All that we want to do away with, is the miserable character
of this appropriation**

Sve što želimo ukloniti je bijedni karakter ovog prisvajanja

**the appropriation under which the labourer lives merely to
increase capital**

prisvajanje pod kojim radnik živi samo da bi povećao kapital

**he is allowed to live only in so far as the interest of the
ruling class requires it**

dopušteno mu je živjeti samo onoliko koliko to zahtijeva
interes vladajuće klase

**In Bourgeoisie society, living labour is but a means to
increase accumulated labour**

U buržoaskom društvu živi rad je samo sredstvo za povećanje
akumuliranog rada

**In Communist society, accumulated labour is but a means to
widen, to enrich, to promote the existence of the labourer**

U komunističkom društvu akumulirani rad je samo sredstvo
za širenje, bogaćenje, promicanje egzistencije radnika

**In Bourgeoisie society, therefore, the past dominates the
present**

U buržoaskom društvu, dakle, prošlost dominira sadašnjošću

in Communist society the present dominates the past

u komunističkom društvu sadašnjost dominira prošlošću

In Bourgeoisie society capital is independent and has individuality

U buržoaskom društvu kapital je neovisan i ima individualnost

In Bourgeoisie society the living person is dependent and has no individuality

U buržoaskom društvu živa osoba je ovisna i nema individualnosti

And the abolition of this state of things is called by the Bourgeoisie, abolition of individuality and freedom!

A ukidanje ovog stanja stvari buržoazija naziva ukidanjem individualnosti i slobode!

And it is rightly called the abolition of individuality and freedom!

I s pravom se naziva ukidanjem individualnosti i slobode!

Communism aims for the abolition of Bourgeoisie individuality

Komunizam teži ukidanju buržoaske individualnosti

Communism intends for the abolition of Bourgeoisie independence

Komunizam namjerava ukinuti buržoasku neovisnost

Bourgeoisie freedom is undoubtedly what communism is aiming at

Buržoaska sloboda je nesumnjivo ono čemu komunizam teži

under the present Bourgeoisie conditions of production, freedom means free trade, free selling and buying

u sadašnjim buržoaskim uvjetima proizvodnje, sloboda znači slobodnu trgovinu, slobodnu prodaju i kupnju

But if selling and buying disappears, free selling and buying also disappears

Ali ako prodaja i kupnja nestanu, nestaje i slobodna prodaja i kupnja

"brave words" by the Bourgeoisie about free selling and buying only have meaning in a limited sense

"hrabre riječi" buržoazije o slobodnoj prodaji i kupnji imaju značenje samo u ograničenom smislu

these words have meaning only in contrast with restricted selling and buying

Ove riječi imaju značenje samo za razliku od ograničene prodaje i kupnje

and these words have meaning only when applied to the fettered traders of the Middle Ages

a ove riječi imaju značenje samo kada se primjenjuju na okovane trgovce srednjeg vijeka

and that assumes these words even have meaning in a Bourgeoisie sense

a to pretpostavlja da ove riječi imaju značenje čak i u buržoaskom smislu

but these words have no meaning when they're being used to oppose the Communistic abolition of buying and selling

ali ove riječi nemaju značenje kada se koriste za suprotstavljanje komunističkom ukidanju kupnje i prodaje

the words have no meaning when they're being used to oppose the Bourgeoisie conditions of production being abolished

riječi nemaju značenje kada se koriste kako bi se suprotstavile buržoaskim uvjetima proizvodnje koji su ukinuti

and they have no meaning when they're being used to oppose the Bourgeoisie itself being abolished

i nemaju smisla kada se koriste za suprotstavljanje ukidanju same buržoazije

You are horrified at our intending to do away with private property

Užasnuti ste što namjeravamo ukinuti privatno vlasništvo

But in your existing society, private property is already done away with for nine-tenths of the population

Ali u vašem postojećem društvu privatno vlasništvo je već ukinuto za devet desetina stanovništva

the existence of private property for the few is solely due to its non-existence in the hands of nine-tenths of the population

Postojanje privatnog vlasništva za nekolicinu isključivo je posljedica njegovog nepostojanja u rukama devet desetina stanovništva

You reproach us, therefore, with intending to do away with a form of property

Stoga nam prigovarate da namjeravamo ukinuti neki oblik vlasništva

but private property necessitates the non-existence of any property for the immense majority of society

ali privatno vlasništvo zahtijeva nepostojanje bilo kakvog vlasništva za ogromnu većinu društva

In one word, you reproach us with intending to do away with your property

Jednom riječju, prigovarate nam što namjeravamo ukinuti vašu imovinu

And it is precisely so; doing away with your Property is just what we intend

I upravo je tako; ukidanje vaše imovine je upravo ono što namjeravamo

From the moment when labour can no longer be converted into capital, money, or rent

Od trenutka kada se rad više ne može pretvoriti u kapital, novac ili rentu

when labour can no longer be converted into a social power capable of being monopolised

kada se rad više ne može pretvoriti u društvenu moć koja se može monopolizirati

from the moment when individual property can no longer be transformed into Bourgeoisie property

od trenutka kada se individualna imovina više ne može transformirati u buržoasku imovinu

from the moment when individual property can no longer be transformed into capital

od trenutka kada se individualno vlasništvo više ne može pretvoriti u kapital

from that moment, you say individuality vanishes

Od tog trenutka kažete da individualnost nestaje

You must, therefore, confess that by "individual" you mean no other person than the Bourgeoisie

Morate, dakle, priznati da pod "pojedincem" ne mislite na nijednu drugu osobu osim na buržoaziju

you must confess it specifically refers to the middle-class owner of property

morate priznati da se to posebno odnosi na vlasnika nekretnine srednje klase

This person must, indeed, be swept out of the way, and made impossible

Ovu osobu, doista, treba maknuti s puta i učiniti nemogućom

Communism deprives no man of the power to appropriate the products of society

Komunizam nijednom čovjeku ne uskraćuje moć da prisvaja proizvode društva

all that Communism does is to deprive him of the power to subjugate the labour of others by means of such appropriation

sve što komunizam čini je da mu oduzima moć da pokorava rad drugih putem takvog prisvajanja

It has been objected that upon the abolition of private property all work will cease

Prigovor je da će nakon ukidanja privatnog vlasništva svi radovi prestati

and it is then suggested that universal laziness will overtake us

i tada se sugerira da će nas sveopća lijenost obuzeti

According to this, Bourgeoisie society ought long ago to have gone to the dogs through sheer idleness

Prema tome, buržoasko društvo je odavno trebalo otići psima iz čiste besposlenosti

because those of its members who work, acquire nothing

jer oni od njegovih članova koji rade, ne stječu ništa

and those of its members who acquire anything, do not work

a oni od njegovih članova koji nešto steknu, ne rade

The whole of this objection is but another expression of the tautology

Cijeli ovaj prigovor samo je još jedan izraz tautologije

there can no longer be any wage-labour when there is no longer any capital

više ne može biti najamnog rada kada više nema kapitala

there is no difference between material products and mental products

Nema razlike između materijalnih proizvoda i mentalnih proizvoda

communism proposes both of these are produced in the same way

Komunizam predlaže da se oba proizvedu na isti način

but the objections against the Communistic modes of producing these are the same

ali prigovori protiv komunističkih načina njihove proizvodnje su isti

to the Bourgeoisie the disappearance of class property is the disappearance of production itself

za buržoaziju je nestanak klasnog vlasništva nestanak same proizvodnje

so the disappearance of class culture is to him identical with the disappearance of all culture

Dakle, nestanak klasne kulture za njega je identičan nestanku cijele kulture

That culture, the loss of which he laments, is for the enormous majority a mere training to act as a machine

Ta kultura, za čijim gubitkom žali, za ogromnu je većinu puka obuka za djelovanje kao stroj

Communists very much intend to abolish the culture of Bourgeoisie property

Komunisti itekako namjeravaju ukinuti kulturu buržoaskog vlasništva

But don't wrangle with us so long as you apply the standard of your Bourgeoisie notions of freedom, culture, law, etc

Ali nemojte se svađati s nama sve dok primjenjujete standard svojih buržoaskih pojmova slobode, kulture, zakona itd

Your very ideas are but the outgrowth of the conditions of your Bourgeoisie production and Bourgeoisie property

Same vaše ideje su samo izdanak uvjeta vaše buržoaske proizvodnje i buržoaskog vlasništva

just as your jurisprudence is but the will of your class made into a law for all

baš kao što je vaša jurisprudencija samo volja vaše klase koja je pretvorena u zakon za sve

the essential character and direction of this will are determined by the economical conditions your social class create

Suštinski karakter i smjer ove oporuke određeni su ekonomskim uvjetima koje stvara vaša društvena klasa

The selfish misconception that induces you to transform social forms into eternal laws of nature and of reason

Sebična zabluda koja vas navodi da transformirate društvene oblike u vječne zakone prirode i razuma

the social forms springing from your present mode of production and form of property

društveni oblici koji proizlaze iz vašeg sadašnjeg načina proizvodnje i oblika vlasništva

historical relations that rise and disappear in the progress of production

povijesni odnosi koji se uzdižu i nestaju u napretku proizvodnje

this misconception you share with every ruling class that has preceded you

ovu zabludu dijelite sa svakom vladajućom klasom koja vam je prethodila

What you see clearly in the case of ancient property, what you admit in the case of feudal property

Ono što jasno vidite u slučaju drevnog vlasništva, ono što priznajete u slučaju feudalne imovine

these things you are of course forbidden to admit in the case of your own Bourgeoisie form of property
ove stvari vam je, naravno, zabranjeno priznati u slučaju vašeg vlastitog buržoaskog oblika vlasništva
Abolition of the family! Even the most radical flare up at this infamous proposal of the Communists
Ukidanje obitelji! Čak i najradikalniji rasplamsavaju se na ovaj zloglasni prijedlog komunista
On what foundation is the present family, the Bourgeoisie family, based?
Na kojem se temelju temelji sadašnja obitelj, obitelj Bourgeoisie?
the foundation of the present family is based on capital and private gain
Temelj sadašnje obitelji temelji se na kapitalu i privatnoj dobiti
In its completely developed form this family exists only among the Bourgeoisie
U svom potpuno razvijenom obliku ova obitelj postoji samo među buržoazijom
this state of things finds its complement in the practical absence of the family among the proletarians
Ovo stanje stvari nalazi svoju nadopunu u praktičnoj odsutnosti obitelji među proleterima
this state of things can be found in public prostitution
Takvo stanje stvari može se naći u javnoj prostituciji
The Bourgeoisie family will vanish as a matter of course when its complement vanishes
Buržoaska obitelj će nestati samo po sebi kada nestane njezin kompunt
and both of these will will vanish with the vanishing of capital
i oboje će nestati s nestankom kapitala
Do you charge us with wanting to stop the exploitation of children by their parents?
Optužujete li nas da želimo zaustaviti iskorištavanje djece od strane njihovih roditelja?

To this crime we plead guilty
Za ovaj zločin priznajemo krivnju
**But, you will say, we destroy the most hallowed of relations,
when we replace home education by social education**
Ali, reći ćete, uništavamo najsvetije odnose, kada kućni odgoj
zamijenimo socijalnim obrazovanjem
**is your education not also social? And is it not determined
by the social conditions under which you educate?**
Nije li vaše obrazovanje također društveno? I nije li to
određeno društvenim uvjetima pod kojima obrazujete?
**by the intervention, direct or indirect, of society, by means
of schools, etc.**
intervencijom, izravnom ili neizravnom, društva, putem škola
itd.
**The Communists have not invented the intervention of
society in education**
Komunisti nisu izmislili intervenciju društva u obrazovanje
they do but seek to alter the character of that intervention
oni samo nastoje promijeniti karakter te intervencije
**and they seek to rescue education from the influence of the
ruling class**
i nastoje spasiti obrazovanje od utjecaja vladajuće klase
**The Bourgeoisie talk of the hallowed co-relation of parent
and child**
Buržoazija govori o svetom suodnosu roditelja i djeteta
**but this clap-trap about the family and education becomes
all the more disgusting when we look at Modern Industry**
ali ova zamka o obitelji i obrazovanju postaje još odvratnija
kada pogledamo modernu industriju
**all family ties among the proletarians are torn asunder by
modern industry**
Sve obiteljske veze među proleterima rastrgane su modernom
industrijom
**their children are transformed into simple articles of
commerce and instruments of labour**

njihova djeca se pretvaraju u jednostavne trgovačke predmete
i sredstva rada

**But you Communists would create a community of women,
screams the whole Bourgeoisie in chorus**

Ali vi komunisti biste stvorili zajednicu žena, vrišti cijela
buržoazija u zboru

**The Bourgeoisie sees in his wife a mere instrument of
production**

Buržoazija u svojoj ženi vidi puko sredstvo proizvodnje

**He hears that the instruments of production are to be
exploited by all**

On čuje da instrumente proizvodnje trebaju iskorištavati svi

**and, naturally, he can come to no other conclusion than that
the lot of being common to all will likewise fall to women**

i, naravno, ne može doći do drugog zaključka osim da će
sudbina zajedničkog svima također pripasti ženama

**He has not even a suspicion that the real point is to do away
with the status of women as mere instruments of production**

On čak ni ne sumnja da je prava poanta ukinuti status žena
kao pukih instrumenata proizvodnje

**For the rest, nothing is more ridiculous than the virtuous
indignation of our Bourgeoisie at the community of women**

U ostalom, ništa nije smješnije od kreposnog ogorčenja naše
buržoazije na zajednicu žena

**they pretend it is to be openly and officially established by
the Communists**

pretvaraju se da su je otvoreno i službeno uspostavili
komunisti

**The Communists have no need to introduce community of
women, it has existed almost from time immemorial**

Komunisti nemaju potrebu uvoditi zajednicu žena, ona postoji
gotovo od pamtivijeka

**Our Bourgeoisie are not content with having the wives and
daughters of their proletarians at their disposal**

Naša buržoazija nije zadovoljna time što ima na raspolaganju
žene i kćeri svojih proletera

they take the greatest pleasure in seducing each other's wives

najveće zadovoljstvo uživaju u zavođenju žena jedno drugoga

and that is not even to speak of common prostitutes

a to čak i ne govori o običnim prostitutkama

Bourgeoisie marriage is in reality a system of wives in common

Buržoaski brak je u stvarnosti zajednički sustav žena

then there is one thing that the Communists might possibly be reproached with

onda postoji jedna stvar koja bi komunistima mogla biti zamjerena

they desire to introduce an openly legalised community of women

žele uvesti otvoreno legaliziranu zajednicu žena

rather than a hypocritically concealed community of women

a ne licemjerno prikrivena zajednica žena

the community of women springing from the system of production

zajednica žena koja proizlazi iz sustava proizvodnje

abolish the system of production, and you abolish the community of women

ukinuti sustav proizvodnje, i ukinuti ćete zajednicu žena

both public prostitution is abolished, and private prostitution

Ukida se i javna prostitucija i privatna prostitucija

The Communists are further more reproached with desiring to abolish countries and nationality

Komunistima se još više zamjera želja za ukidanjem zemalja i nacionalnosti

The working men have no country, so we cannot take from them what they have not got

Radnici nemaju zemlju, pa im ne možemo oduzeti ono što nemaju

the proletariat must first of all acquire political supremacy

Proletarijat prije svega mora steći političku nadmoć

the proletariat must rise to be the leading class of the nation

Proletarijat se mora uzdignuti da bude vodeća klasa nacije

the proletariat must constitute itself the nation

Proletarijat se mora konstituirati kao nacija

it is, so far, itself national, though not in the Bourgeoisie sense of the word

ona je, zasad, sama nacionalna, iako ne u buržoaskom smislu te riječi

National differences and antagonisms between peoples are daily more and more vanishing

Nacionalne razlike i antagonizmi među narodima svakim danom sve više nestaju

owing to the development of the Bourgeoisie, to freedom of commerce, to the world-market

zahvaljujući razvoju buržoazije, slobodi trgovine, svjetskom tržištu

to uniformity in the mode of production and in the conditions of life corresponding thereto

do ujednačenosti načina proizvodnje i životnih uvjeta koji mu odgovaraju

The supremacy of the proletariat will cause them to vanish still faster

Nadmoć proletarijata uzrokovat će da nestanu još brže

United action, of the leading civilised countries at least, is one of the first conditions for the emancipation of the proletariat

Ujedinjeno djelovanje, barem vodećih civiliziranih zemalja, jedan je od prvih uvjeta za emancipaciju proletarijata

In proportion as the exploitation of one individual by another is put an end to, the exploitation of one nation by another will also be put an end to

U onoj mjeri u kojoj se stane na kraj eksploataciji jednog pojedinca od strane drugog, tako će se stati na kraj i eksploataciji jedne nacije od strane druge

In proportion as the antagonism between classes within the nation vanishes, the hostility of one nation to another will come to an end

Proporcionalno tome kako antagonizam između klasa unutar nacije nestane, neprijateljstvo jedne nacije prema drugoj će doći do kraja

The charges against Communism made from a religious, a philosophical, and, generally, from an ideological standpoint, are not deserving of serious examination

Optužbe protiv komunizma iznesene s vjerskog, filozofskog i, općenito, s ideološkog stajališta, ne zaslužuju ozbiljno ispitivanje

Does it require deep intuition to comprehend that man's ideas, views and conceptions changes with every change in the conditions of his material existence?

Je li potrebna duboka intuicija da bi se shvatilo da se čovjekove ideje, pogledi i koncepcije mijenjaju sa svakom promjenom uvjeta njegove materijalne egzistencije?

is it not obvious that man's consciousness changes when his social relations and his social life changes?

Nije li očito da se čovjekova svijest mijenja kada se promijene njegovi društveni odnosi i njegov društveni život?

What else does the history of ideas prove, than that intellectual production changes its character in proportion as material production is changed?

Što drugo dokazuje povijest ideja, osim da intelektualna proizvodnja mijenja svoj karakter proporcionalno tome kako se mijenja materijalna proizvodnja?

The ruling ideas of each age have ever been the ideas of its ruling class

Vladajuće ideje svakog doba oduvijek su bile ideje vladajuće klase

When people speak of ideas that revolutionise society, they do but express one fact

Kada ljudi govore o idejama koje revolucioniraju društvo, oni izražavaju samo jednu činjenicu

within the old society, the elements of a new one have been created

unutar starog društva stvoreni su elementi novog

and that the dissolution of the old ideas keeps even pace with the dissolution of the old conditions of existence

i da raspad starih ideja ide u korak s rastvaranjem starih uvjeta postojanja

When the ancient world was in its last throes, the ancient religions were overcome by Christianity

Kada je drevni svijet bio u posljednjim mukama, drevne religije nadvladalo je kršćanstvo

When Christian ideas succumbed in the 18th century to rationalist ideas, feudal society fought its death battle with the then revolutionary Bourgeoisie

Kada su kršćanske ideje u 18. stoljeću podlegle racionalističkim idejama, feudalno društvo vodilo je smrtnu bitku s tada revolucionarnom buržoazijom

The ideas of religious liberty and freedom of conscience merely gave expression to the sway of free competition within the domain of knowledge

Ideje vjerske slobode i slobode savjesti samo su izrazile utjecaj slobodne konkurencije unutar domene znanja

"Undoubtedly," it will be said, "religious, moral, philosophical and juridical ideas have been modified in the course of historical development"

"Bez sumnje", reći će, "vjerske, moralne, filozofske i pravne ideje su modificirane tijekom povijesnog razvoja"

"But religion, morality philosophy, political science, and law, constantly survived this change"

"Ali religija, moral, filozofija, političke znanosti i pravo, stalno su preživljavali ovu promjenu"

"There are also eternal truths, such as Freedom, Justice, etc"

"Postoje i vječne istine, kao što su sloboda, pravda itd."

"these eternal truths are common to all states of society"

"Ove vječne istine zajedničke su svim stanjima društva"

"But Communism abolishes eternal truths, it abolishes all religion, and all morality"

"Ali komunizam ukida vječne istine, ukida svaku religiju i sav moral"

"it does this instead of constituting them on a new basis"

"to čini umjesto da ih konstituira na novoj osnovi"

"it therefore acts in contradiction to all past historical experience"

"stoga djeluje u suprotnosti sa svim prošlim povijesnim iskustvima"

What does this accusation reduce itself to?

Na što se svodi ova optužba?

The history of all past society has consisted in the development of class antagonisms

Povijest cijelog prošlog društva sastojala se u razvoju klasnih antagonizama

antagonisms that assumed different forms at different epochs

antagonizmi koji su poprimili različite oblike u različitim epohama

But whatever form they may have taken, one fact is common to all past ages

Ali kakav god oblik poprimili, jedna je činjenica zajednička svim prošlim vremenima

the exploitation of one part of society by the other

iskorištavanje jednog dijela društva od strane drugog

No wonder, then, that the social consciousness of past ages moves within certain common forms, or general ideas

Stoga nije ni čudo da se društvena svijest prošlih stoljeća kreće unutar određenih zajedničkih oblika ili općih ideja

(and that is despite all the multiplicity and variety it displays)

(i to unatoč svoj mnogostrukosti i raznolikosti koju prikazuje)

and these cannot completely vanish except with the total disappearance of class antagonisms

a oni ne mogu potpuno nestati osim potpunim nestankom
klasnih antagonizama

**The Communist revolution is the most radical rupture with
traditional property relations**

Komunistička revolucija je najradikalniji raskid s
tradicionalnim vlasničkim odnosima

**no wonder that its development involves the most radical
rupture with traditional ideas**

Nije ni čudo što njegov razvoj uključuje najradikalniji raskid s
tradicionalnim idejama

**But let us have done with the Bourgeoisie objections to
Communism**

Ali završimo s buržoaskim prigovorima komunizmu

**We have seen above the first step in the revolution by the
working class**

Gore smo vidjeli prvi korak u revoluciji radničke klase

**proletariat has to be raised to the position of ruling, to win
the battle of democracy**

Proletarijat mora biti uzdignut na poziciju vladajućeg, da bi
dobio bitku za demokratiju

**The proletariat will use its political supremacy to wrest, by
degrees, all capital from the Bourgeoisie**

Proletarijat će iskoristiti svoju političku nadmoć da postupno
otme sav kapital od buržoazije

**it will centralise all instruments of production in the hands
of the State**

centralizirat će sve instrumente proizvodnje u rukama države

in other words, the proletariat organised as the ruling class

drugim riječima, proletarijat se organizirao kao vladajuća
klasa

**and it will increase the total of productive forces as rapidly
as possible**

i povećat će ukupne proizvodne snage što je brže moguće

**Of course, in the beginning, this cannot be effected except
by means of despotic inroads on the rights of property**

Naravno, u početku se to ne može postići osim putem despotskih prodora u prava vlasništva

and it has to be achieved on the conditions of Bourgeoisie production

i to se mora postići u uvjetima buržoaske proizvodnje

it is achieved by means of measures, therefore, which appear economically insufficient and untenable

stoga se postiže mjerama koje se čine ekonomski nedostatnima i neodrživima

but these means, in the course of the movement, outstrip themselves

ali ta sredstva, tijekom pokreta, nadmašuju sama sebe

they necessitate further inroads upon the old social order

oni zahtijevaju daljnje prodore u stari društveni poredak

and they are unavoidable as a means of entirely revolutionising the mode of production

i oni su neizbježni kao sredstvo za potpunu revoluciju načina proizvodnje

These measures will of course be different in different countries

Te će mjere, naravno, biti različite u različitim zemljama

Nevertheless in the most advanced countries, the following will be pretty generally applicable

Ipak, u najnaprednijim zemljama sljedeće će biti prilično općenito primjenjivo

1. Abolition of property in land and application of all rents of land to public purposes.

1. Ukidanje vlasništva na zemljištu i primjena svih zemljišnih zakupnina u javne svrhe.

2. A heavy progressive or graduated income tax.

2. Veliki progresivni ili graduirani porez na dohodak.

3. Abolition of all right of inheritance.

3. Ukidanje svih prava nasljeđivanja.

4. Confiscation of the property of all emigrants and rebels.

4. Oduzimanje imovine svih iseljenika i pobunjenika.

5. Centralisation of credit in the hands of the State, by means of a national bank with State capital and an exclusive monopoly.

5. Centralizacija kredita u rukama države, putem nacionalne banke s državnim kapitalom i isključivim monopolom.

6. Centralisation of the means of communication and transport in the hands of the State.

6. Centralizacija sredstava komunikacije i prijevoza u rukama države.

7. Extension of factories and instruments of production owned by the State

7. Proširenje tvornica i proizvodnih instrumenata u vlasništvu države

the bringing into cultivation of waste-lands, and the improvement of the soil generally in accordance with a common plan.

dovođenje pustoši u obrađivanje i poboljšanje tla općenito u skladu sa zajedničkim planom.

8. Equal liability of all to labour

8. Jednaka odgovornost svih prema radu

Establishment of industrial armies, especially for agriculture.

Osnivanje industrijskih vojski, posebno za poljoprivredu.

9. Combination of agriculture with manufacturing industries

9. Kombinacija poljoprivrede s prerađivačkom industrijom

gradual abolition of the distinction between town and country, by a more equable distribution of the population over the country.

postupno ukidanje razlike između grada i sela, ravnomjernijom raspodjelom stanovništva po zemlji.

10. Free education for all children in public schools.

10. Besplatno obrazovanje za svu djecu u javnim školama.

Abolition of children's factory labour in its present form

Ukidanje dječjeg tvorničkog rada u sadašnjem obliku

Combination of education with industrial production

Kombinacija obrazovanja s industrijskom proizvodnjom

When, in the course of development, class distinctions have disappeared

Kada su, tijekom razvoja, klasne razlike nestale

and when all production has been concentrated in the hands of a vast association of the whole nation

i kada je sva proizvodnja koncentrirana u rukama širokog udruženja cijele nacije

then the public power will lose its political character

tada će javna vlast izgubiti svoj politički karakter

Political power, properly so called, is merely the organised power of one class for oppressing another

Politička moć, u pravom smislu, samo je organizirana moć jedne klase za ugnjetavanje druge

If the proletariat during its contest with the Bourgeoisie is compelled, by the force of circumstances, to organise itself as a class

Ako je proletarijat tijekom svog sukoba s buržoazijom prisiljen, snagom okolnosti, organizirati se kao klasa

if, by means of a revolution, it makes itself the ruling class

ako se pomoću revolucije učini vladajućom klasom

and, as such, it sweeps away by force the old conditions of production

i, kao takav, silom briše stare uvjete proizvodnje

then it will, along with these conditions, have swept away the conditions for the existence of class antagonisms and of classes generally

tada će, zajedno s tim uvjetima, pomesti uvjete za postojanje klasnih antagonizama i klasa općenito

and will thereby have abolished its own supremacy as a class.

i time će ukinuti vlastitu nadmoć kao klase.

In place of the old Bourgeoisie society, with its classes and class antagonisms, we shall have an association

Umjesto starog buržoaskog društva, s njegovim klasama i klasnim antagonizmima, imat ćemo udruženje

an association in which the free development of each is the condition for the free development of all

udruga u kojoj je slobodan razvoj svakoga uvjet za slobodan razvoj svih

1) Reactionary Socialism
1) Reakcionarni socijalizam

a) Feudal Socialism
a) Feudalni socijalizam

the aristocracies of France and England had a unique historical position
aristokracije Francuske i Engleske imale su jedinstven povijesni položaj
it became their vocation to write pamphlets against modern Bourgeoisie society
postao je njihov poziv da pišu pamflete protiv modernog buržoaskog društva
In the French revolution of July 1830, and in the English reform agitation
U Francuskoj revoluciji u srpnju 1830. i u engleskoj reformskoj agitaciji
these aristocracies again succumbed to the hateful upstart
Te su aristokracije ponovno podlegle mrskom početniku
Thenceforth, a serious political contest was altogether out of the question
Od tada ozbiljno političko natjecanje nije dolazilo u obzir
All that remained possible was literary battle, not an actual battle
Sve što je ostalo moguće bila je književna bitka, a ne stvarna bitka
But even in the domain of literature the old cries of the restoration period had become impossible
Ali čak i u domeni književnosti stari vapaji iz razdoblja obnove postali su nemogući
In order to arouse sympathy, the aristocracy were obliged to lose sight, apparently, of their own interests
Kako bi pobudila simpatije, aristokracija je bila prisiljena izgubiti iz vida, očito, vlastite interese

and they were obliged to formulate their indictment against the Bourgeoisie in the interest of the exploited working class

i bili su dužni formulirati svoju optužnicu protiv buržoazije u interesu eksploatirane radničke klase

Thus the aristocracy took their revenge by singing lampoons on their new master

Tako se aristokracija osvetila pjevajući rugalice svom novom gospodaru

and they took their revenge by whispering in his ears sinister prophecies of coming catastrophe

i osvetili su se šapućući mu na uho zlokobna proročanstva o nadolazećoj katastrofi

In this way arose Feudal Socialism: half lamentation, half lampoon

Tako je nastao feudalni socijalizam: napola jadikovka, napola podsmijeh

it rung as half echo of the past, and projected half menace of the future

odjekivao je kao napola odjek prošlosti i projicirao napola prijetnju budućnosti

at times, by its bitter, witty and incisive criticism, it struck the Bourgeoisie to the very heart's core

ponekad, svojom gorkom, duhovitom i oštrom kritikom, pogodio je buržoaziju do same srži

but it was always ludicrous in its effect, through total incapacity to comprehend the march of modern history

Ali uvijek je bio smiješan u svom učinku, zbog potpune nesposobnosti da se shvati marš moderne povijesti

The aristocracy, in order to rally the people to them, waved the proletarian alms-bag in front for a banner

Aristokracija je, kako bi okupila narod za njih, mahala proleterskom vrećom milostinje ispred za zastavu

But the people, so often as it joined them, saw on their hindquarters the old feudal coats of arms

Ali narod, koji im se često pridruživao, vidio je na stražnjim nogama stare feudalne grbove

and they deserted with loud and irreverent laughter

i dezertirali su uz glasan i bezobzirni smijeh

One section of the French Legitimists and "Young England" exhibited this spectacle

Jedan dio francuskih legitimista i "Mlade Engleske" izložio je ovaj spektakl

the feudalists pointed out that their mode of exploitation was different to that of the Bourgeoisie

feudalisti su istaknuli da je njihov način eksploatacije drugačiji od buržoazijskog

the feudalists forget that they exploited under circumstances and conditions that were quite different

Feudalisti zaboravljaju da su iskorištavali u okolnostima i uvjetima koji su bili sasvim drugačiji

and they didn't notice such methods of exploitation are now antiquated

i nisu primijetili da su takve metode eksploatacije sada zastarjele

they showed that, under their rule, the modern proletariat never existed

pokazali su da pod njihovom vladavinom moderni proletarijat nikada nije postojao

but they forget that the modern Bourgeoisie is the necessary offspring of their own form of society

ali zaboravljaju da je moderna buržoazija nužan potomak njihovog vlastitog oblika društva

For the rest, they hardly conceal the reactionary character of their criticism

Za ostalo, oni teško skrivaju reakcionarni karakter svoje kritike

their chief accusation against the Bourgeoisie amounts to the following

njihova glavna optužba protiv buržoazije iznosi sljedeće

under the Bourgeoisie regime a social class is being developed

pod buržoaskim režimom razvija se društvena klasa

this social class is destined to cut up root and branch the old order of society

Ovoj društvenoj klasi suđeno je da ukorijeni i razgrana stari društveni poredak

What they upbraid the Bourgeoisie with is not so much that it creates a proletariat

Ono čime oni vrijeđaju buržoaziju nije toliko da stvara proletarijat

what they upbraid the Bourgeoisie with is moreso that it creates a revolutionary proletariat

ono čime oni vrijeđaju buržoaziju je više da stvara revolucionarni proletarijat

In political practice, therefore, they join in all coercive measures against the working class

U političkoj praksi, stoga, oni se pridružuju svim prisilnim mjerama protiv radničke klase

and in ordinary life, despite their highfalutin phrases, they stoop to pick up the golden apples dropped from the tree of industry

i u običnom životu, unatoč svojim uzvišenim frazama, spuštaju se kako bi pokupili zlatne jabuke ispuštene sa stabla industrije

and they barter truth, love, and honour for commerce in wool, beetroot-sugar, and potato spirits

i trampe istinu, ljubav i čast za trgovinu vunom, šećerom od cikle i alkoholnim pićima od krumpira

As the parson has ever gone hand in hand with the landlord, so has Clerical Socialism with Feudal Socialism

Kao što je župnik uvijek išao ruku pod ruku sa zemljoposjednikom, tako je i klerikalni socijalizam s feudalnim socijalizmom

Nothing is easier than to give Christian asceticism a Socialist tinge

Ništa nije lakše nego kršćanskom asketizmu dati socijalističku nijansu

Has not Christianity declaimed against private property, against marriage, against the State?

Nije li se kršćanstvo proglasilo protiv privatnog vlasništva, protiv braka, protiv države?

Has Christianity not preached in the place of these, charity and poverty?

Nije li kršćanstvo propovijedalo umjesto njih, milosrđe i siromaštvo?

Does Christianity not preach celibacy and mortification of the flesh, monastic life and Mother Church?

Ne propovijeda li kršćanstvo celibat i mrtvljenje tijela, monaški život i Majku Crkvu?

Christian Socialism is but the holy water with which the priest consecrates the heart-burnings of the aristocrat

Kršćanski socijalizam je samo sveta voda kojom svećenik posvećuje goruće srce aristokrata

b) Petty-Bourgeois Socialism
b) Maloburžoaski socijalizam

The feudal aristocracy was not the only class that was ruined by the Bourgeoisie
Feudalna aristokracija nije bila jedina klasa koju je uništila buržoazija
it was not the only class whose conditions of existence pined and perished in the atmosphere of modern Bourgeoisie society
to nije bila jedina klasa čiji su uvjeti postojanja čeznuli i nestajali u atmosferi modernog buržoaskog društva
The medieval burgesses and the small peasant proprietors were the precursors of the modern Bourgeoisie
Srednjovjekovni građani i mali seljački vlasnici bili su preteče moderne buržoazije
In those countries which are but little developed, industrially and commercially, these two classes still vegetate side by side
U onim zemljama koje su tek malo razvijene, industrijski i komercijalno, ove dvije klase još uvijek vegetiraju jedna uz drugu
and in the meantime the Bourgeoisie rise up next to them: industrially, commercially, and politically
a u međuvremenu se buržoazija uzdiže pored njih: industrijski, komercijalno i politički
In countries where modern civilisation has become fully developed, a new class of petty Bourgeoisie has been formed
U zemljama u kojima je moderna civilizacija postala potpuno razvijena, formirana je nova klasa sitne buržoazije
this new social class fluctuates between proletariat and Bourgeoisie
ova nova društvena klasa oscilira između proletarijata i buržoazije
and it is ever renewing itself as a supplementary part of Bourgeoisie society

i uvijek se obnavlja kao dopunski dio buržoaskog društva

The individual members of this class, however, are being constantly hurled down into the proletariat

Pojedini članovi ove klase, međutim, stalno su bačeni u proletarijat

they are sucked up by the proletariat through the action of competition

Proletarijat ih usisava djelovanjem konkurencije

as modern industry develops they even see the moment approaching when they will completely disappear as an independent section of modern society

Kako se moderna industrija razvija, oni čak vide da se približava trenutak kada će potpuno nestati kao neovisan dio modernog društva

they will be replaced, in manufactures, agriculture and commerce, by overlookers, bailiffs and shopmen

Zamijenit će ih, u manufakturama, poljoprivredi i trgovini, nadzornici, sudski izvršitelji i trgovci

In countries like France, where the peasants constitute far more than half of the population

U zemljama poput Francuske, gdje seljaci čine daleko više od polovice stanovništva

it was natural that there there are writers who sided with the proletariat against the Bourgeoisie

bilo je prirodno da postoje pisci koji su stali na stranu proletarijata protiv buržoazije

in their criticism of the Bourgeoisie regime they used the standard of the peasant and petty Bourgeoisie

u svojoj kritici buržoaskog režima koristili su standard seljačke i sitne buržoazije

and from the standpoint of these intermediate classes they take up the cudgels for the working class

i sa stajališta ovih srednjih klasa oni preuzimaju batine za radničku klasu

Thus arose petty-Bourgeoisie Socialism, of which Sismondi was the head of this school, not only in France but also in England

Tako je nastao maloburžoaski socijalizam, čiji je Sismondi bio na čelu ove škole, ne samo u Francuskoj nego i u Engleskoj

This school of Socialism dissected with great acuteness the contradictions in the conditions of modern production

Ova škola socijalizma s velikom je oštrinom secirala proturječja u uvjetima moderne proizvodnje

This school laid bare the hypocritical apologies of economists

Ova je škola razotkrila licemjerne isprike ekonomista

This school proved, incontrovertibly, the disastrous effects of machinery and division of labour

Ova je škola dokazala, nepobitno, katastrofalne učinke strojeva i podjele rada

it proved the concentration of capital and land in a few hands

dokazao je koncentraciju kapitala i zemlje u nekoliko ruku

it proved how overproduction leads to Bourgeoisie crises

dokazao je kako prekomjerna proizvodnja dovodi do buržoaske krize

it pointed out the inevitable ruin of the petty Bourgeoisie and peasant

ukazao je na neizbježnu propast sitne buržoazije i seljaka

the misery of the proletariat, the anarchy in production, the crying inequalities in the distribution of wealth

bijeda proletarijata, anarhija u proizvodnji, nejednakosti u raspodjeli bogatstva

it showed how the system of production leads the industrial war of extermination between nations

Pokazao je kako sustav proizvodnje vodi industrijski rat istrebljenja među narodima

the dissolution of old moral bonds, of the old family relations, of the old nationalities

raspad starih moralnih veza, starih obiteljskih odnosa, starih
nacionalnosti

**In its positive aims, however, this form of Socialism aspires
to achieve one of two things**
U svojim pozitivnim ciljevima, međutim, ovaj oblik
socijalizma teži postizanju jedne od dvije stvari

**either it aims to restore the old means of production and of
exchange**
ili ima za cilj obnoviti stara sredstva proizvodnje i razmjene

**and with the old means of production it would restore the
old property relations, and the old society**
i sa starim sredstvima za proizvodnju obnovio bi stare
vlasničke odnose, i staro društvo

**or it aims to cramp the modern means of production and
exchange into the old framework of the property relations**
ili ima za cilj stisnuti suvremena sredstva proizvodnje i
razmjene u stari okvir vlasničkih odnosa

In either case, it is both reactionary and Utopian
U oba slučaja, ona je i reakcionarna i utopijska

**Its last words are: corporate guilds for manufacture,
patriarchal relations in agriculture**
Njegove posljednje riječi su: korporativni cehovi za
manufakturu, patrijarhalni odnosi u poljoprivredi

**Ultimately, when stubborn historical facts had dispersed all
intoxicating effects of self-deception**
U konačnici, kada su tvrdoglave povijesne činjenice raspršile
sve opojne učinke samoobmane

this form of Socialism ended in a miserable fit of pity
ovaj oblik socijalizma završio je bijednim napadom sažaljenja

c) German, or "True," Socialism
c) njemački ili "pravi" socijalizam

The Socialist and Communist literature of France originated under the pressure of a Bourgeoisie in power
Socijalistička i komunistička književnost Francuske nastala je pod pritiskom buržoazije na vlasti
and this literature was the expression of the struggle against this power
a ova je literatura bila izraz borbe protiv te sile
it was introduced into Germany at a time when the Bourgeoisie had just begun its contest with feudal absolutism
uvedena je u Njemačku u vrijeme kada je buržoazija tek započela svoje natjecanje s feudalnim apsolutizmom
German philosophers, would-be philosophers, and beaux esprits, eagerly seized on this literature
Njemački filozofi, potencijalni filozofi i lijepi duhovi, željno su se uhvatili ove literature
but they forgot that the writings immigrated from France into Germany without bringing the French social conditions along
ali su zaboravili da su spisi emigrirali iz Francuske u Njemačku, a da nisu donijeli francuske društvene uvjete
In contact with German social conditions, this French literature lost all its immediate practical significance
U dodiru s njemačkim društvenim prilikama, ova francuska književnost izgubila je sav svoj neposredni praktični značaj
and the Communist literature of France assumed a purely literary aspect in German academic circles
a komunistička književnost Francuske poprimila je čisto književni aspekt u njemačkim akademskim krugovima
Thus, the demands of the first French Revolution were nothing more than the demands of "Practical Reason"
Dakle, zahtjevi prve Francuske revolucije nisu bili ništa drugo nego zahtjevi "praktičnog razuma"

and the utterance of the will of the revolutionary French Bourgeoisie signified in their eyes the law of pure Will

a izricanje volje revolucionarne francuske buržoazije označavalo je u njihovim očima zakon čiste volje

it signified Will as it was bound to be; of true human Will generally

označavala je volju kakva je morala biti; istinske ljudske volje općenito

The world of the German literati consisted solely in bringing the new French ideas into harmony with their ancient philosophical conscience

Svijet njemačkih književnika sastojao se isključivo u usklađivanju novih francuskih ideja s njihovom drevnom filozofskom sviješću

or rather, they annexed the French ideas without deserting their own philosophic point of view

ili bolje rečeno, anektirali su francuske ideje bez napuštanja vlastitog filozofskog gledišta

This annexation took place in the same way in which a foreign language is appropriated, namely, by translation

To je pripajanje izvršeno na isti način na koji se prisvaja strani jezik, odnosno prijevodom

It is well known how the monks wrote silly lives of Catholic Saints over manuscripts

Dobro je poznato kako su redovnici preko rukopisa pisali glupe živote katoličkih svetaca

the manuscripts on which the classical works of ancient heathendom had been written

rukopisi na kojima su napisana klasična djela drevnog poganstva

The German literati reversed this process with the profane French literature

Njemački književnici preokrenuli su ovaj proces s profanom francuskom književnošću

They wrote their philosophical nonsense beneath the French original

Svoje filozofske gluposti napisali su ispod francuskog originala

For instance, beneath the French criticism of the economic functions of money, they wrote "Alienation of Humanity"

Na primjer, ispod francuske kritike ekonomskih funkcija novca, napisali su "Otuđenje čovječanstva"

beneath the French criticism of the Bourgeoisie State they wrote "dethronement of the Category of the General"

ispod francuske kritike buržoaske države napisali su "svrgavanje kategorije generala"

The introduction of these philosophical phrases at the back of the French historical criticisms they dubbed:

Uvođenje ovih filozofskih fraza na poleđini francuske povijesne kritike nazvali su:

"Philosophy of Action," "True Socialism," "German Science of Socialism," "Philosophical Foundation of Socialism," and so on

"Filozofija djelovanja", "Istinski socijalizam", "Njemačka znanost o socijalizmu", "Filozofski temelj socijalizma" i tako dalje

The French Socialist and Communist literature was thus completely emasculated

Francuska socijalistička i komunistička književnost tako je potpuno kastrirana

in the hands of the German philosophers it ceased to express the struggle of one class with the other

u rukama njemačkih filozofa prestala je izražavati borbu jedne klase s drugom

and so the German philosophers felt conscious of having overcome "French one-sidedness"

i tako su njemački filozofi bili svjesni da su prevladali "francusku jednostranost"

it did not have to represent true requirements, rather, it represented requirements of truth

nije morao predstavljati istinske zahtjeve, već je predstavljao zahtjeve istine

there was no interest in the proletariat, rather, there was interest in Human Nature

nije bilo interesa za proletarijat, već je postojao interes za ljudsku prirodu

the interest was in Man in general, who belongs to no class, and has no reality

interes je bio za čovjeka općenito, koji ne pripada nijednoj klasi i nema stvarnost

a man who exists only in the misty realm of philosophical fantasy

čovjek koji postoji samo u maglovitom carstvu filozofske fantazije

but eventually this schoolboy German Socialism also lost its pedantic innocence

ali na kraju je i ovaj školski njemački socijalizam izgubio svoju pedantnu nevinost

the German Bourgeoisie, and especially the Prussian Bourgeoisie fought against feudal aristocracy

njemačka buržoazija, a posebno pruska buržoazija borila se protiv feudalne aristokracije

the absolute monarchy of Germany and Prussia was also being faught against

apsolutna monarhija Njemačke i Pruske također je bila protiv

and in turn, the literature of the liberal movement also became more earnest

A zauzvrat, književnost liberalnog pokreta također je postala ozbiljnija

Germany's long wished-for opportunity for "true" Socialism was offered

Ponuđena je dugo željena prilika Njemačke za "pravi" socijalizam

the opportunity of confronting the political movement with the Socialist demands

mogućnost suočavanja političkog pokreta sa socijalističkim zahtjevima

the opportunity of hurling the traditional anathemas against
liberalism

Prilika da se bace tradicionalne anateme protiv liberalizma

the opportunity to attack representative government and
Bourgeoisie competition

prilika za napad na predstavničku vladu i buržoasku
konkurenciju

Bourgeoisie freedom of the press, Bourgeoisie legislation,
Bourgeoisie liberty and equality

Buržoaska sloboda tiska, buržoasko zakonodavstvo,
buržoaska sloboda i jednakost

all of these could now be critiqued in the real world, rather
than in fantasy

sve bi se to sada moglo kritizirati u stvarnom svijetu, a ne u
fantaziji

feudal aristocracy and absolute monarchy had long preached
to the masses

Feudalna aristokracija i apsolutna monarhija dugo su
propovijedale masama

"the working man has nothing to lose, and he has everything
to gain"

"Radni čovjek nema što izgubiti, a ima sve za dobiti"

the Bourgeoisie movement also offered a chance to confront
these platitudes

buržoaski pokret također je ponudio priliku da se suoči s tim
floskulama

the French criticism presupposed the existence of modern
Bourgeoisie society

francuska kritika pretpostavljala je postojanje modernog
buržoaskog društva

Bourgeoisie economic conditions of existence and
Bourgeoisie political constitution

Buržoaski ekonomski uvjeti postojanja i buržoaski politički
ustav

the very things whose attainment was the object of the
pending struggle in Germany

upravo one stvari čije je postignuće bilo predmet nadolazeće
borbe u Njemačkoj

**Germany's silly echo of socialism abandoned these goals
just in the nick of time**

Njemački glupi odjek socijalizma napustio je ove ciljeve u
pravo vrijeme

**the absolute governments had their following of parsons,
professors, country squires and officials**

Apsolutne vlade imale su svoje sljedbenike župnike,
profesore, seoske štitonoše i dužnosnike

**the government of the time met the German working-class
risings with floggings and bullets**

tadašnja vlada dočekala je njemačke radničke ustanke
bičevanjem i mecima

**for them this socialism served as a welcome scarecrow
against the threatening Bourgeoisie**

za njih je ovaj socijalizam služio kao dobrodošlo strašilo protiv
prijeteće buržoazije

**and the German government was able to offer a sweet
dessert after the bitter pills it handed out**

a njemačka vlada mogla je ponuditi slatki desert nakon gorkih
tableta koje je podijelila

**this "True" Socialism thus served the governments as a
weapon for fighting the German Bourgeoisie**

ovaj "pravi" socijalizam je tako služio vladama kao oružje u
borbi protiv njemačke buržoazije

**and, at the same time, it directly represented a reactionary
interest; that of the German Philistines**

i, u isto vrijeme, izravno je predstavljala reakcionarni interes;
onaj njemačkih Filistejaca

**In Germany the petty Bourgeoisie class is the real social
basis of the existing state of things**

U Njemačkoj je sitna buržoaska klasa stvarna društvena
osnova postojećeg stanja stvari

**a relique of the sixteenth century that has constantly been
cropping up under various forms**

relikvija šesnaestog stoljeća koja se neprestano pojavljuje u različitim oblicima

To preserve this class is to preserve the existing state of things in Germany

Očuvati ovu klasu znači očuvati postojeće stanje stvari u Njemačkoj

The industrial and political supremacy of the Bourgeoisie threatens the petty Bourgeoisie with certain destruction

Industrijska i politička nadmoć buržoazije prijeti sitnoj buržoaziji sigurnom destrukcijom

on the one hand, it threatens to destroy the petty Bourgeoisie through the concentration of capital

s jedne strane, prijeti da će uništiti sitnu buržoaziju kroz koncentraciju kapitala

on the other hand, the Bourgeoisie threatens to destroy it through the rise of a revolutionary proletariat

s druge strane, buržoazija prijeti da će je uništiti usponom revolucionarnog proletarijata

"True" Socialism appeared to kill these two birds with one stone. It spread like an epidemic

Činilo se da je "pravi" socijalizam ubio ove dvije muhe jednim udarcem. Proširio se poput epidemije

The robe of speculative cobwebs, embroidered with flowers of rhetoric, steeped in the dew of sickly sentiment

Ogrtač od spekulativne paučine, izvezeni cvijećem retorike, natopljen rosom bolesnog osjećaja

this transcendental robe in which the German Socialists wrapped their sorry "eternal truths"

ovu transcendentalnu haljinu u koju su njemački socijalisti umotali svoje žalosne "vječne istine"

all skin and bone, served to wonderfully increase the sale of their goods amongst such a public

sve kože i kostiju, poslužile su za čudesno povećanje prodaje njihove robe među takvom javnošću

And on its part, German Socialism recognised, more and more, its own calling

A sa svoje strane, njemački socijalizam je sve više i više priznavao svoj vlastiti poziv

it was called to be the bombastic representative of the petty-Bourgeoisie Philistine

nazvan je bombastičnim predstavnikom maloburžoaskog Filistejca

It proclaimed the German nation to be the model nation, and German petty Philistine the model man

Proglasio je njemački narod uzornim narodom, a njemački sitni Filistejac uzornim čovjekom

To every villainous meanness of this model man it gave a hidden, higher, Socialistic interpretation

Svakoj zlobnoj podlosti ovog uzornog čovjeka davala je skriveno, više, socijalističko tumačenje

this higher, Socialistic interpretation was the exact contrary of its real character

ovo više, socijalističko tumačenje bilo je upravo suprotno njegovom stvarnom karakteru

It went to the extreme length of directly opposing the "brutally destructive" tendency of Communism

Otišao je do krajnjih granica da se izravno suprotstavi "brutalno destruktivnoj" tendenciji komunizma

and it proclaimed its supreme and impartial contempt of all class struggles

i proglasio je svoj vrhovni i nepristrani prezir prema svim klasnim borbama

With very few exceptions, all the so-called Socialist and Communist publications that now (1847) circulate in Germany belong to the domain of this foul and enervating literature

Uz vrlo malo iznimaka, sve takozvane socijalističke i komunističke publikacije koje sada (1847.) kruže u Njemačkoj pripadaju domeni ove prljave i iscrpljujuće literature

2) Conservative Socialism, or Bourgeoisie Socialism
2) Konzervativni socijalizam ili buržoaski socijalizam

A part of the Bourgeoisie is desirous of redressing social grievances
Dio buržoazije želi ispraviti društvene pritužbe
in order to secure the continued existence of Bourgeoisie society
kako bi se osiguralo daljnje postojanje buržoaskog društva
To this section belong economists, philanthropists, humanitarians
U ovaj odjeljak spadaju ekonomisti, filantropi, humanitarci
improvers of the condition of the working class and organisers of charity
poboljšivači stanja radničke klase i organizatori dobrotvornih radnji
members of societies for the prevention of cruelty to animals
članovi društava za sprječavanje okrutnosti prema životinjama
temperance fanatics, hole-and-corner reformers of every imaginable kind
fanatici umjerenosti, reformatori rupa i uglova svih zamislivih vrsta
This form of Socialism has, moreover, been worked out into complete systems
Ovaj oblik socijalizma je, štoviše, razrađen u potpune sustave
We may cite Proudhon's "Philosophie de la Misère" as an example of this form
Možemo navesti Proudhonovu "Philosophie de la Misère" kao primjer ove forme
The Socialistic Bourgeoisie want all the advantages of modern social conditions
Socijalistička buržoazija želi sve prednosti modernih društvenih uvjeta
but the Socialistic Bourgeoisie don't necessarily want the resulting struggles and dangers

ali socijalistička buržoazija ne želi nužno posljedične borbe i
opasnosti

**They desire the existing state of society, minus its
revolutionary and disintegrating elements**

Oni žele postojeće stanje društva, bez njegovih
revolucionarnih i dezintegrirajućih elemenata

**in other words, they wish for a Bourgeoisie without a
proletariat**

drugim riječima, oni žele buržoaziju bez proletarijata

**The Bourgeoisie naturally conceives the world in which it is
supreme to be the best**

Buržoazija prirodno shvaća svijet u kojem je vrhovno biti
najbolji

**and Bourgeoisie Socialism develops this comfortable
conception into various more or less complete systems**

a buržoaski socijalizam razvija ovu ugodnu koncepciju u
različite više ili manje cjelovite sustave

**they would very much like the proletariat to march
straightway into the social New Jerusalem**

oni bi jako voljeli da proletarijat odmah umaršira u socijalni
Novi Jeruzalem

**but in reality it requires the proletariat to remain within the
bounds of existing society**

ali u stvarnosti zahtijeva od proletarijata da ostane unutar
granica postojećeg društva

**they ask the proletariat to cast away all their hateful ideas
concerning the Bourgeoisie**

oni traže od proletarijata da odbaci sve njihove mrske ideje o
buržoaziji

**there is a second more practical, but less systematic, form of
this Socialism**

postoji drugi praktičniji, ali manje sustavni oblik ovog
socijalizma

**this form of socialism sought to depreciate every
revolutionary movement in the eyes of the working class**

Ovaj oblik socijalizma nastojao je obezvrijediti svaki
revolucionarni pokret u očima radničke klase

**they argue no mere political reform could be of any
advantage to them**

Oni tvrde da im nikakva politička reforma ne bi mogla biti od
koristi

**only a change in the material conditions of existence in
economic relations are of benefit**

koristi samo promjena materijalnih uvjeta postojanja u
ekonomskim odnosima

**like communism, this form of socialism advocates for a
change in the material conditions of existence**

Poput komunizma, ovaj oblik socijalizma zagovara promjenu
materijalnih uvjeta postojanja

**however, this form of socialism by no means suggests the
abolition of the Bourgeoisie relations of production**

međutim, ovaj oblik socijalizma nikako ne sugerira ukidanje
buržoaskih proizvodnih odnosa

**the abolition of the Bourgeoisie relations of production can
only be achieved through a revolution**

ukidanje buržoaskih odnosa proizvodnje može se postići samo
revolucijom

**but instead of a revolution, this form of socialism suggests
administrative reforms**

Ali umjesto revolucije, ovaj oblik socijalizma predlaže
administrativne reforme

**and these administrative reforms would be based on the
continued existence of these relations**

a te administrativne reforme temeljile bi se na daljnjem
postojanju tih odnosa

**reforms, therefore, that in no respect affect the relations
between capital and labour**

reforme, dakle, koje ni u kojem pogledu ne utječu na odnose
između kapitala i rada

**at best, such reforms lessen the cost and simplify the
administrative work of Bourgeoisie government**

u najboljem slučaju, takve reforme smanjuju troškove i pojednostavljuju administrativni rad buržoaske vlade

Bourgeois Socialism attains adequate expression, when, and only when, it becomes a mere figure of speech

Buržoaski socijalizam postiže adekvatan izraz, kada i samo kada postane puka figura govora

Free trade: for the benefit of the working class

Slobodna trgovina: u korist radničke klase

Protective duties: for the benefit of the working class

Zaštitne dužnosti: u korist radničke klase

Prison Reform: for the benefit of the working class

Zatvorska reforma: za dobrobit radničke klase

This is the last word and the only seriously meant word of Bourgeoisie Socialism

Ovo je posljednja riječ i jedina ozbiljno zamišljena riječ buržoaskog socijalizma

It is summed up in the phrase: the Bourgeoisie is a Bourgeoisie for the benefit of the working class

Sažeto je u frazi: buržoazija je buržoazija u korist radničke klase

3) Critical-Utopian Socialism and Communism
3) Kritičko-utopijski socijalizam i komunizam

We do not here refer to that literature which has always given voice to the demands of the proletariat
Ovdje se ne pozivamo na onu literaturu koja je uvijek davala glas zahtjevima proletarijata

this has been present in every great modern revolution, such as the writings of Babeuf and others
to je bilo prisutno u svakoj velikoj modernoj revoluciji, kao što su spisi Babeufa i drugih

The first direct attempts of the proletariat to attain its own ends necessarily failed
Prvi izravni pokušaji proletarijata da postigne svoje ciljeve nužno su propali.

these attempts were made in times of universal excitement, when feudal society was being overthrown
Ti su pokušaji učinjeni u vrijeme sveopćeg uzbuđenja, kada je feudalno društvo bilo svrgavanje

the then undeveloped state of the proletariat led to those attempts failing
tada nerazvijeno stanje proletarijata dovelo je do toga da ti pokušaji nisu uspjeli

and they failed due to the absence of the economic conditions for its emancipation
i nisu uspjeli zbog nepostojanja ekonomskih uvjeta za njegovu emancipaciju

conditions that had yet to be produced, and could be produced by the impending Bourgeoisie epoch alone
uvjeti koji su tek trebali biti proizvedeni, a mogli bi biti proizvedeni samo nadolazećom buržoaskom epohom

The revolutionary literature that accompanied these first movements of the proletariat had necessarily a reactionary character
Revolucionarna literatura koja je pratila ove prve pokrete proletarijata nužno je imala reakcionarni karakter

This literature inculcated universal asceticism and social levelling in its crudest form

Ova je literatura usađivala univerzalni asketizam i društveno izjednačavanje u svom najgrubljem obliku

The Socialist and Communist systems, properly so called, spring into existence in the early undeveloped period

Socijalistički i komunistički sustavi, u pravom smislu zvani, nastali su u ranom nerazvijenom razdoblju

Saint-Simon, Fourier, Owen and others, described the struggle between proletariat and Bourgeoisie (see Section 1)

Saint-Simon, Fourier, Owen i drugi opisali su borbu između proletarijata i buržoazije (vidi odjeljak 1)

The founders of these systems see, indeed, the class antagonisms

Utemeljitelji ovih sustava doista vide klasne antagonizme

they also see the action of the decomposing elements, in the prevailing form of society

oni također vide djelovanje elemenata koji se raspadaju, u prevladavajućem obliku društva

But the proletariat, as yet in its infancy, offers to them the spectacle of a class without any historical initiative

Ali proletarijat im još uvijek u povojima nudi spektakl klase bez ikakve povijesne inicijative

they see the spectacle of a social class without any independent political movement

oni vide spektakl društvene klase bez ikakvog neovisnog političkog pokreta

the development of class antagonism keeps even pace with the development of industry

Razvoj klasnog antagonizma ide ujednačeno s razvojem industrije

so the economic situation does not as yet offer to them the material conditions for the emancipation of the proletariat

Dakle, ekonomska situacija im još uvijek ne nudi materijalne uvjete za emancipaciju proletarijata

They therefore search after a new social science, after new social laws, that are to create these conditions

Oni stoga traže novu društvenu znanost, nove društvene zakone, koji će stvoriti te uvjete

historical action is to yield to their personal inventive action

povijesno djelovanje je popuštanje njihovom osobnom inventivnom djelovanju

historically created conditions of emancipation are to yield to fantastic conditions

povijesno stvoreni uvjeti emancipacije trebaju se prepustiti fantastičnim uvjetima

and the gradual, spontaneous class-organisation of the proletariat is to yield to the organisation of society

a postupna, spontana klasna organizacija proletarijata treba popustiti organizaciji društva

the organisation of society specially contrived by these inventors

organizacija društva koju su posebno izmislili ovi izumitelji

Future history resolves itself, in their eyes, into the propaganda and the practical carrying out of their social plans

Buduća povijest se u njihovim očima razrješava u propagandi i praktičnom provođenju njihovih društvenih planova

In the formation of their plans they are conscious of caring chiefly for the interests of the working class

U oblikovanju svojih planova svjesni su da se uglavnom brinu za interese radničke klase

Only from the point of view of being the most suffering class does the proletariat exist for them

Samo sa stanovišta da su klasa koja najviše pati, proletarijat postoji za njih

The undeveloped state of the class struggle and their own surroundings inform their opinions

Nerazvijeno stanje klasne borbe i vlastita okolina oblikuju njihova mišljenja

Socialists of this kind consider themselves far superior to all class antagonisms

Socijalisti ove vrste smatraju se daleko superiornijima od svih klasnih antagonizama

They want to improve the condition of every member of society, even that of the most favoured

Oni žele poboljšati stanje svakog člana društva, čak i onog najpovlaštenijeg

Hence, they habitually appeal to society at large, without distinction of class

Stoga se obično obraćaju društvu u cjelini, bez razlike u klasi

nay, they appeal to society at large by preference to the ruling class

štoviše, oni se obraćaju društvu u cjelini preferirajući vladajuću klasu

to them, all it requires is for others to understand their system

Njima je potrebno samo da drugi razumiju njihov sustav

because how can people fail to see that the best possible plan is for the best possible state of society?

Jer kako ljudi mogu ne vidjeti da je najbolji mogući plan za najbolje moguće stanje društva?

Hence, they reject all political, and especially all revolutionary, action

Stoga odbacuju svaku političku, a posebno svaku revolucionarnu akciju

they wish to attain their ends by peaceful means

oni žele postići svoje ciljeve mirnim putem

they endeavour, by small experiments, which are necessarily doomed to failure

oni nastoje malim eksperimentima koji su nužno osuđeni na neuspjeh

and by the force of example they try to pave the way for the new social Gospel

i snagom primjera nastoje utrti put novom socijalnom evanđelju

Such fantastic pictures of future society, painted at a time when the proletariat is still in a very undeveloped state

Takve fantastične slike budućeg društva, naslikane u vrijeme kada je proletarijat još uvijek u vrlo nerazvijenom stanju

and it still has but a fantastical conception of its own position

i još uvijek ima samo fantastičnu koncepciju vlastitog položaja

but their first instinctive yearnings correspond with the yearnings of the proletariat

Ali njihove prve instinktivne čežnje odgovaraju čežnjama proletarijata

both yearn for a general reconstruction of society

Oboje čeznu za općom rekonstrukcijom društva

But these Socialist and Communist publications also contain a critical element

Ali ove socijalističke i komunističke publikacije također sadrže kritički element

They attack every principle of existing society

Oni napadaju svaki princip postojećeg društva

Hence they are full of the most valuable materials for the enlightenment of the working class

Stoga su puni najvrjednijih materijala za prosvjetljenje radničke klase

they propose abolition of the distinction between town and country, and the family

predlažu ukidanje razlike između grada i sela, a obitelj

the abolition of the carrying on of industries for the account of private individuals

ukidanje obavljanja djelatnosti za račun privatnih osoba

and the abolition of the wage system and the proclamation of social harmony

i ukidanje sustava plaća i proglašenje društvenog sklada

the conversion of the functions of the State into a mere superintendence of production

pretvaranje funkcija države u puki nadzor nad proizvodnjom

all these proposals, point solely to the disappearance of class antagonisms

Svi ovi prijedlozi ukazuju isključivo na nestanak klasnih antagonizama

class antagonisms were, at that time, only just cropping up

klasni antagonizmi su se u to vrijeme tek pojavljivali

in these publications these class antagonisms are recognised in their earliest, indistinct and undefined forms only

U ovim publikacijama ti su klasni antagonizmi prepoznati samo u svojim najranijim, nejasnim i nedefiniranim oblicima

These proposals, therefore, are of a purely Utopian character

Ti su prijedlozi, dakle, čisto utopijskog karaktera

The significance of Critical-Utopian Socialism and Communism bears an inverse relation to historical development

Značaj kritičko-utopijskog socijalizma i komunizma ima obrnuti odnos s povijesnim razvojem

the modern class struggle will develop and continue to take definite shape

Moderna klasna borba će se razvijati i nastaviti poprimati određeni oblik

this fantastic standing from the contest will lose all practical value

Ovaj fantastičan status s natječaja izgubit će svu praktičnu vrijednost

these fantastic attacks on class antagonisms will lose all theoretical justification

Ovi fantastični napadi na klasne antagonizme izgubit će svako teoretsko opravdanje

the originators of these systems were, in many respects, revolutionary

Začetnici ovih sustava bili su, u mnogim aspektima, revolucionarni

but their disciples have, in every case, formed mere reactionary sects

ali njihovi su učenici, u svakom slučaju, formirali puke reakcionarne sekte

They hold tightly to the original views of their masters
Čvrsto se drže izvornih pogleda svojih gospodara

but these views are in opposition to the progressive historical development of the proletariat
Ali ti su pogledi u suprotnosti s progresivnim povijesnim razvojem proletarijata

They, therefore, endeavour, and that consistently, to deaden the class struggle
Oni, stoga, nastoje, i to dosljedno, umrtviti klasnu borbu

and they consistently endeavour to reconcile the class antagonisms
i dosljedno nastoje pomiriti klasne antagonizme

They still dream of experimental realisation of their social Utopias
Još uvijek sanjaju o eksperimentalnoj realizaciji svojih društvenih utopija

they still dream of founding isolated "phalansteres" and establishing "Home Colonies"
još uvijek sanjaju o osnivanju izoliranih "falanstera" i osnivanja "matičnih kolonija"

they dream of setting up a "Little Icaria" — duodecimo editions of the New Jerusalem
sanjaju o osnivanju "Male Ikarije" – duodecimo izdanja Novog Jeruzalema

and they dream to realise all these castles in the air
i sanjaju da ostvare sve te dvorce u zraku

they are compelled to appeal to the feelings and purses of the bourgeois
oni su prisiljeni apelirati na osjećaje i torbe buržoazije

By degrees they sink into the category of the reactionary conservative Socialists depicted above
Postupno tonu u kategoriju reakcionarnih konzervativnih socijalista prikazanih gore

they differ from these only by more systematic pedantry

od njih se razlikuju samo sustavnijom pedantnošću

and they differ by their fanatical and superstitious belief in the miraculous effects of their social science

i razlikuju se po svom fanatičnom i praznovjernom vjerovanju u čudesne učinke svoje društvene znanosti

They, therefore, violently oppose all political action on the part of the working class

Oni se, stoga, nasilno protive svakom političkom djelovanju radničke klase

such action, according to them, can only result from blind unbelief in the new Gospel

takvo djelovanje, prema njima, može proizaći samo iz slijepe nevjere u novo Evanđelje

The Owenites in England, and the Fourierists in France, respectively, oppose the Chartists and the "Réformistes"

Oweniti u Engleskoj, a Fourieristi u Francuskoj, protive se chartistima i "Réformistesima"

Position of the Communists in Relation to the Various Existing Opposision Parties

Položaj komunista u odnosu na različite postojeće suprotstavljene stranke

Section II has made clear the relations of the Communists to the existing working-class parties

Odjeljak II razjasnio je odnose komunista s postojećim strankama radničke klase

such as the Chartists in England, and the Agrarian Reformers in America

kao što su chartisti u Engleskoj i agrarni reformatori u Americi

The Communists fight for the attainment of the immediate aims

Komunisti se bore za postizanje neposrednih ciljeva

they fight for the enforcement of the momentary interests of the working class

oni se bore za provedbu trenutnih interesa radničke klase

but in the political movement of the present, they also represent and take care of the future of that movement

Ali u političkom pokretu sadašnjosti, oni također predstavljaju i brinu se o budućnosti tog pokreta

In France the Communists ally themselves with the Social-Democrats

U Francuskoj su se komunisti udružili sa socijaldemokratima

and they position themselves against the conservative and radical Bourgeoisie

i oni se pozicioniraju protiv konzervativne i radikalne buržoazije

however, they reserve the right to take up a critical position in regard to phrases and illusions traditionally handed down from the great Revolution

međutim, oni zadržavaju pravo da zauzmu kritičko stajalište u vezi s frazama i iluzijama koje su se tradicionalno prenosile iz velike revolucije

In Switzerland they support the Radicals, without losing sight of the fact that this party consists of antagonistic elements

U Švicarskoj podržavaju radikale, ne gubeći iz vida činjenicu da se ta stranka sastoji od antagonistčkih elemenata

partly of Democratic Socialists, in the French sense, partly of radical Bourgeoisie

dijelom demokratskih socijalista, u francuskom smislu, dijelom radikalne buržoazije

In Poland they support the party that insists on an agrarian revolution as the prime condition for national emancipation

U Poljskoj podržavaju stranku koja inzistira na agrarnoj revoluciji kao glavnom uvjetu za nacionalnu emancipaciju

that party which fomented the insurrection of Cracow in 1846

ona stranka koja je potaknula pobunu u Krakovu 1846. godine

In Germany they fight with the Bourgeoisie whenever it acts in a revolutionary way

U Njemačkoj se bore s buržoazijom kad god ona djeluje na revolucionaran način

against the absolute monarchy, the feudal squirearchy, and the petty Bourgeoisie

protiv apsolutne monarhije, feudalne vjeverice i sitne buržoazije

But they never cease, for a single instant, to instil into the working class one particular idea

Ali oni nikada ne prestaju, ní na trenutak, usaditi u radničku klasu jednu određenu ideju

the clearest possible recognition of the hostile antagonism between Bourgeoisie and proletariat

najjasnije moguće priznanje neprijateljskog antagonizma između buržoazije i proletarijata

so that the German workers may straightaway use the weapons at their disposal

kako bi njemački radnici mogli odmah upotrijebiti oružje koje im je na raspolaganju

the social and political conditions that the Bourgeoisie must necessarily introduce along with its supremacy
društvene i političke uvjete koje buržoazija nužno mora uvesti zajedno sa svojom nadmoći
the fall of the reactionary classes in Germany is inevitable
pad reakcionarnih klasa u Njemačkoj je neizbježan
and then the fight against the Bourgeoisie itself may immediately begin
i tada bi borba protiv same buržoazije mogla odmah započeti
The Communists turn their attention chiefly to Germany, because that country is on the eve of a Bourgeoisie revolution
Komunisti svoju pažnju uglavnom usmjeravaju na Njemačku, jer je ta zemlja uoči buržoaske revolucije
a revolution that is bound to be carried out under more advanced conditions of European civilisation
revolucija koja će se sigurno provesti u naprednijim uvjetima europske civilizacije
and it is bound to be carried out with a much more developed proletariat
i to će se sigurno provoditi s mnogo razvijenijim proletarijatom
a proletariat more advanced than that of England was in the seventeenth, and of France in the eighteenth century
proletarijat napredniji od onog u Engleskoj bio je u sedamnaestom stoljeću, a Francuske u osamnaestom stoljeću
and because the Bourgeoisie revolution in Germany will be but the prelude to an immediately following proletarian revolution
i zato što će buržoaska revolucija u Njemačkoj biti samo uvod u proletersku revoluciju koja će odmah uslijediti
In short, the Communists everywhere support every revolutionary movement against the existing social and political order of things
Ukratko, komunisti posvuda podržavaju svaki revolucionarni pokret protiv postojećeg društvenog i političkog poretka stvari

In all these movements they bring to the front, as the leading question in each, the property question

U svim tim pokretima oni dovode u prvi plan, kao vodeće pitanje u svakom od njih, pitanje vlasništva

no matter what its degree of development is in that country at the time

bez obzira na stupanj razvijenosti u toj zemlji u to vrijeme

Finally, they labour everywhere for the union and agreement of the democratic parties of all countries

Konačno, oni posvuda rade za ujedinjenje i dogovor demokratskih stranaka svih zemalja

The Communists disdain to conceal their views and aims

Komunisti preziru skrivanje svojih stavova i ciljeva

They openly declare that their ends can be attained only by the forcible overthrow of all existing social conditions

Oni otvoreno izjavljuju da se njihovi ciljevi mogu postići samo nasilnim rušenjem svih postojećih društvenih uvjeta

Let the ruling classes tremble at a Communistic revolution

Neka vladajuće klase drhte pred komunističkom revolucijom

The proletarians have nothing to lose but their chains

Proleteri nemaju što izgubiti osim svojih lanaca

They have a world to win

Imaju svijet za pobjedu

WORKING MEN OF ALL COUNTRIES, UNITE!

RADNICI SVIH ZEMALJA, UJEDINITE SE!